KB063817

디자인 | 강 민 주

무엇 때문이겠는가? 무엇 때문이겠는가?
소문이 거문고 줄을 끊자 죽었던 소리가 살아나고
사광이 북채를 꺾자 하늘과 땅이 북소리일세.
대상大象은 무상無象이라 그 모양을 볼 수가 없고
대음大音은 희성希聲이라 그 소리를 들을 수가 없네.

이야기장자철학

南華苑의 향연

1판 1쇄 인쇄 2003년 9월 15일
1판 1쇄 발행 2003년 9월 30일

지은이 | 송항룡 전각 | 路石 이준호

마케팅 | 주혁상 관리 | 정미연
펴낸이 | 서정돈 펴낸곳 | 성균관대학교 출판부 등록 | 1975년 5월 21일 제 1975-9호
주소 | 110-745 서울특별시 종로구 명륜동 3가 53 대표전화 | 02) 760-1252~4
팩시밀리 | 02) 762-7452 Homepage | www7.skku.ac.kr/skkupress

ⓒ 송항룡, 이준호

값 12,000원

ISBN 89-7986-536-8 04100
   89-7986-535-x (세트)

잘못된 책은 구입한 곳에서 교환해 드립니다. 저작권자와의 협의에 따라 인지는 생략합니다.
본 도서에 게재된 작품(본문 및 전각)을 이용코자 할 때에는 저작권자와 출판사의 서면 동의를 받아야 합니다.

이야기
장자철학

南
華
苑
(남화원)
의
향연

송항룡 지음

성균관대학교
출판부

서문

글이란 써놓고 나면 그 순간부터 저자와는 관계가 끊어지고 오로지 독자하고만 관계를 맺는다. 그러므로 저자가 무슨 생각을 갖고 왜 썼는지 묻는 것은 어리석은 일이다. 시를 읽은 사람이 그 시를 쓴 시인을 찾아가 시의 뜻을 묻지 않는 까닭은 여기에 있다. 시를 읽고 그 의미를 찾는 일은 전적으로 독자의 몫이다. 모든 글이 그렇다.

그동안 쓴 글들을 묶어 책으로 내놓는다. 이 책을 읽는 분들이 무어라 할지, 무슨 생각을 할지 그것은 내가 관여할 바가 아니다. 글은 저자가 쓰는 것이지만 써 놓은 글은 저자의 것이 아니라 독자의 몫이다.

『莊子』라는 책을 『南華經』이라고도 한다. 그러므로 '南華苑의 사람들' 이라는 것은 『장자』에 나오는 人物들이라는 말이다. 그 인물들의 생각, 행동 그리고 주고받은 대화는 모두 장자의 이야기라고 해도 좋을 것이다. 그러나 그 이야기들이 정작 무엇을 의미하는지는 알 수 없다. 다시 말해 장자가 무슨 생각을 하고 그런 이야기를 했는지 알 수 없다는 얘기다. 나는 그저 『장자』라는 책을 읽으며 떠오른 생각을 여기에 적었을 뿐이다. 그러므로 장자이야기라기 보다는 내 이야기라고 할 수 있다. 더러는 장자의 글을 그대로 옮겨 놓은 것도 있으나 그것도 결국은 내 생각이요, 장자의 생각이라고는 할 수 없다. 장자는 죽을 때 자기 생각을 다 가지고 죽었을 것이기 때문이다.

  말과 글, 글과 뜻은 저자의 생각으로 존재하는 것이 아니다. 말을 듣고 글을 읽는 사람이 자기 생각을 만들고 그 만들어진 생각들이 새로운 내용으로 내려와 앉는다. 그러므로 글은 언제나 현전성現前性을 가지고 새로운 의미로 독자 앞에 마주서는 것이다. 무릇 글이란 그렇게 존재한다.

2003년 8월 30일
청우당聽雨堂에서
송 항 룡

차
례

緒章 세상밖의 이야기

『장자莊子』라는 책을 펼치면 북명北冥이라는 바다 이야기가
나오고 곤鯤이라는 물고기 이야기가 나오고 붕鵬이라는 새의
이야기가 나온다. 하나같이 이 세상에 없는 것에 대한 이야
기들이다.

　막고야산藐姑射山이 나오고, 피의被衣 · 설결齧缺의 신선이
야기, 소牛를 잡는 포정庖丁 이야기, 매미蜩를 줍는 꼽추痀僂
子 이야기, 사람의 간을 꺼내 회膾를 쳐 먹는 도척盜跖 이야기
가 나오는가 하면, 상처喪妻했다는 기별을 받고 문상하러 온
사람들 앞에서 자기 마누라의 시신屍身을 타고 앉아 노래를
불러대는 장자 자신의 이야기도 나온다. 또 눈도 귀도 코도
입도 없는 혼돈混沌 이야기, 상망象罔 이야기, 천리안千里眼
을 가진 이주離朱 이야기, 혓바닥 하나로 사는 끽구喫詬 이야
기, 길을 가다가 해골骸骨을 만나 수작하는 이야기, 호랑나비
胡蝶의 꿈을 꾸고 방황하는 이야기, 외다리兀者 절름발이인
신도가申徒嘉 · 왕태王駘와 꼽추에다 앉은뱅이인 지리소支離
疏 같은 이들이 성인聖人이라는 이야기가 나온다.

이들은 모두 세상에 있는 이야기가 아니다. 세상 밖에 있는 남화원南華苑, 무하유지향无何有之鄕이라는 고을에서 일어나는 이야기들이다. 이 책은 장자의 그러한 이야기, 세상 밖의 이야기를 하고 있다. 책 이름을 南華苑의 향연이라 한 까닭이 여기에 있다.

이 책 부별 간지에 사용한 그림은 『조선의 미소―옛낙서』(1998년, 나랏말출판사 刊)에
나와 있는 작품입니다. 해당 출판사의 동의를 얻어 사용합니다.

그림자 없는 사람들

공자와 유하계 그리고 도척
그림자 없는 사람들
먹물이 세상을 덮으면
玄珠가 치마끈을 풀자
초원의 동자들
포정도 숫돌에 칼을 갈았을까
생과 사의 틈에 몸을 맡기면

하나

공자와 유하계 그리고 도척
盜跖

나는 부자놈의 물건을 들어다 가난한 사람의 집 뜰에다
옮겨 놓는 일을 할 뿐이다. 간혹 그 일을 방해하는 놈을
몇 사람 해친 일은 있으나 무고한 사람을 다치게 한 일은 없다.
그런데 세상에서는 나를 도둑이라고 비난한다.

공자는 길에서 유하계柳夏季를 만났다. 그는 별로 하
는 일 없이 살아가는 사람이었으나 많은 사람들로부터 숭앙을
받고 있었다. 공자는 그것이 조금은 불만스러웠다.

"어찌도 그리 한가한가. 자네가 내 친구라는 것이 가끔 부끄
러울 때가 있네"

하고 공자가 말하였다.

"나도 그렇게 생각하네. 그런데 자네는 지금 어디로 가는 길
인가?"

유하계는 공자가 제자들을 이끌고 천하를 구하러 다닌다는
것을 알고 있었으나 오늘은 또 어디로 가는지 궁금하여 이렇게

물었다.

"동생 하나를 순화시키지 못하는 자네를 현인이라 하는 까닭을 알 수가 없네."

공자는 이렇게 말하였다. 유하계의 동생은 도척이었다. 그것을 두고 하는 말이었다.

"도척은 내 동생이지만 지금까지 누구의 말을 들어본 일이 없는 사람이네. 힘은 맨손으로 쇠뿔을 잡아 뽑을 만큼 장사요, 마음은 성난 파도 같아 아무도 그 파도를 잠재울 수 없고 수시로 변하는 기분을 헤아릴 수가 없는 사람이라네. 형이라 한들 어찌 하겠는가."

유하계는 동생 도척에 대해서 말하였다.

"내가 가서 설득해보면 어떻겠나?"

공자는 지금 제자들과 함께 도척을 만나러 가는 길이었다.

"부질없는 짓일세, 마음 쓸 일이 아니네."

유하계는 동생 일은 걱정도 하지 않는다는 듯 동자들이 놀고 있는 초원을 향해 걸어가기 시작했다.

공자는 정중하고도 근엄한 자세로 예를 올렸다. 나아가고 물러남이 자를 댄 듯 반듯하였고 손놀림 하나 흐트러짐이 없었다.

"네놈은 노나라 공구가 아니더냐?"

도척은 공자가 들어오는 것을 보자 소리를 질렀다. 우레 같은 소리가 천지를 진동하듯이 입에서 터져 나왔다. 올려다보니 도척은 높은 반석 위에서 공자를 내려다보고 있었다. 얼굴은 태산만하였고 이글거리는 두 눈동자는 태양이 내려와 박힌 것처럼 불꽃이 일고 있었다. 공자는 마음을 다잡아먹었으나 갑자기 간이 콩알만해지면서 생각이 흔들리기 시작하였다. 한참만에야 가까스로 정신을 수습하고 용기를 내서 입을 열었다.

"장군의 형님을 만나고 오는 길이오. 지략은 용솟음치는 샘물과 같고 완력은 쇠뿔을 뽑을 만큼 힘을 가졌으며 행동이 질풍처럼 빠른데다 변론 또한 검은 것을 희다고 주장할 수 있는 언변을 가졌다고 동생의 소개를 들었소."

공자는 도척을 한껏 치켜올리며 말하였다. 그리고 형과 친구라는 사실을 은근히 내비쳤다.

"그럴 리가 없다. 형님은 너 같은 위인을 보낼 사람이 아니다."

도척은 버럭 화를 냈다.

"물론 형님께선 장군을 만나려고 하자 부질없는 짓이라고 했습니다. 그러나 지금 만나보니 장군은 천하를 거느릴 수 있는 분이라는 것을 알았습니다."

공자의 말은 더없이 공손하였다.

"네놈이 나를 설득하겠다는 수작이로구나."

도척은 마음을 좀 누그러뜨리면서 이같이 말하였다. 공자도 다시 용기를 얻어 말하였다.

"장군은 천하를 얻을 힘이 있는데, 어찌하여 한갓 재물을 탐

14

하여 도둑이라는 소리를 듣고 있습니까. 천추에 이름을 남기고 만대에 사람들의 칭송을 받을 수 있는 일을 이 구가 말씀해 보겠습니다."

공자는 잠시 혼란스러웠던 마음이 제자리를 잡게 되자 자신 있게 평소의 생각을 말할 수가 있었다. 그리하여 문왕과 무왕의 이야기를 하고 주공의 뜻을 말한 후, 자신이 입고 있는 유복儒服을 설명하면서 천하를 다스리는 일과 사람이 금수와 다른 점이 무엇인가를 역설하였다. 그는 자기가 알고 있는 성인의 가르침과 뜻을 남김없이 다 말한 것이라고 생각하였다. 그리고 도척이라 하더라도 천도天道를 어길 수는 없을 것이라고 생각하였다.

"시끄럽다. 네놈이 말하는 성인이란 이름을 얻고자 천하를 그르치고 다니는 사람이 아니더냐. 제왕을 충동질하여 전쟁을 일으키고 금수와 달라야 한다는 핑계로 예禮를 만들어 백성의 발에 족쇄를 채웠다. 있지도 않은 인仁과 의義를 들먹여 생각을 혼란케 하고 마음을 병들게 하였다. 백이 숙제가 굶어 죽은 것도 그 이름 때문이요 관용봉 비간이 가슴을 찢기고 죽은 것도 후세에 칭송을 받으려는 때문이었다. 싸움에서는 사람을 많이 죽일수록 명장이라 하고 군주는 땅을 많이 차지할수록 성군이라는 말을 듣지 않더냐. 이 미련한 놈아, 내가 그런 말에 속아넘어갈 성싶으냐? 나는 부자놈의 물건을 들어다 가난한 사람의 집 뜰에다 옮겨 놓는 일을 할 뿐이다. 간혹 그 일을 방해하는 놈을 몇 사람 해친 일은 있으나 무고한 사람을 다치게 한 일은 없다. 그런데 세상에서는 나를 도둑이라고 비난한다. 천하를 위한다는 일이 무엇이냐. 많은 사람을 해치고 한 사람의 이름을 얻게 함이 아니더냐. 성인을 입에 담는 놈치고 사람을 해치지 않은 놈이 없다. 이것이 세상을 그르치게 한 것이 아니고 무엇이냐. 네놈이 찾아온 것도 이 도척을 설복했다는 이름을 얻으려고 온 것이 아니더냐? 물러가거라. 네놈의 유복을 벗겨 알몸으로 내쫓고 싶지만 형님의 친구라서 그냥 보낸다. 그리고 네놈이 말하는 성인의 마음이 이 자루 속 물건들이니 가져가거라"

하고 도척은 청靑, 황黃, 흑黑, 백白색의 큰 자루 네 개를 집어 던졌다. 모두 훔쳐온 물건들이었다. 공자는 제자들에게 자루 하나씩 짊어지워 가지고 쫓겨나듯 도척에게서 물러나왔다.

안회는 말이 없고 증삼이 말하였다.

"이것들이 정말 쓸모 없는 물건입니까?"

공자는 하늘을 바라보며 말하였다.

"정신이 혼란스럽구나."

그는 한숨을 지었다. 제자들은 도척이 던져준 자루를 짊어진 채 아무 말도 하지 못하고 스승의 얼굴만 쳐다볼 뿐이었다.

"저들이 지고 가는 것은 도척의 물건이 아닌가?"

진일이 노자와 함께 이야기를 하고 있다가 공자 일행이 지나가는 것을 보고 말하였다.

"그렇군. 도척을 만나본 모양이로군."

노자가 말하였다.

"도척은 구할 수 있겠으나 공구는 구할 수 없겠군."

진일의 말이었다. 노자는 옆에서 더 말이 없었다.

며칠 후 공자는 초원에서 동자들과 어울리고 있는 유하계를 만났다.

"도척이 버린 물건을 받아왔다는 말을 들었네. 사실인가?"

유하계가 공자 앞으로 다가가면서 말하였다.

"그는 감당할 수 없는 사람이었네."

공자는 그날 있었던 일을 생각하였다. 병도 들지 않은 사람에게 침을 놓으려고 찾아갔다가 낭패를 당하고 온 셈이었다. 마음이 아직도 편하지 않았다.

"무어라고 하던가?"

"성인이란 이름을 얻고자 세상을 그르치고 다니는 사람이라 하였네."

유하계는 더 묻지 않았다. 도척에게 봉변을 당하고 왔으리라는 것을 알고 있었기 때문이었다.

- - -

너는 지금 문왕 무왕의 도를 닦아 천하일을 다 안다고 하면서 세상 사람들을 가르치려 하고 있다. 넓은 옷에 얇은 띠를 두르고 다니면서 온갖 헛된 말과 거짓 행동으로 천하를 미혹하면서 부귀를 구하려 하고 있다. 너보다 더 큰 도둑이 없거늘 어찌하여 세상 사람들은 너를 도구盜丘라 하지 않고 나를 도척盜跖이라 하는지 알 수 없구나.

今子修文武之道, 掌天下之辯, 以教後世, 縫衣淺帶, 矯言僞行, 以迷天下之主而欲求富貴焉, 盜莫大於子, 天下何故不謂子爲盜丘, 而乃謂我爲盜跖. —「盜跖」

그림자 없는 사람들

자네는 선언善言을 하지도 않고 선행善行을
하지도 않았다군. 많은 사람들이 슬피 울고
있는 것을 보고 그것을 알았네.

진일秦佚이 노자老子가 죽었다는 말을 듣고 조문을
갔다. 그는 영전에서 두어 번 곡을 하다 말고 나왔다.

제자가 물었다.

"노담은 선생님과 친구사이가 아닙니까?"

"그렇지. 노담은 나의 친구였지."

"그런데 조문을 그렇게 해도 되는 것입니까? 예禮에 어긋나
는 것이 아닙니까?"

그러자 진일이 말하였다.

"그렇지 않네. 내가 노담을 잘못 알았지. 저 많은 사람들을
보지 못하는가? 늙은이들은 자식 죽은 것처럼 울고 있고, 젊은

이들은 부모가 죽은 것처럼 슬피 울고 있지 않은가. 물론 노담은 죽은 다음에 자기를 위해 슬퍼하거나 울어달라고 강요하지는 않았겠지만, 살아 생전에 사람들의 마음을 울지 않을 수 없도록 정을 심어 놓고 가지 않았는가? 그것은 자연이 무엇인지를 모르고 살아가도록 죄를 짓고 간 것이나 다름없네. 그는 나의 친구가 아니었네."

제자가 다시 물었다.

"그러나 죽은 사람에 대한 정은 있는 것이 아니겠습니까?"

"정은 마음을 갉아먹는 벌레나 다름없지. 그 벌레가 갉아먹고 난 자리에는 한이 남아 있을 뿐이지."

"그러면 죽은 사람 앞에 슬퍼하는 것은 예가 아닙니까?"

진일이 말하였다.

"사람이 태어나는 것은 올 때가 되어서 오는 것이요 죽는 것은 갈 때가 되어서 가는 것일 뿐이니, 여기에 따르고 평안하면 그만이다. 이것을 안시처순安時處順이라고 한다. 때를 알아 오고 가는 일에 편안하면 기쁨도 슬픔도 끼여들 틈이 없다네. 신이라 한들 어찌 간섭할 수 있겠는가?"

그때 거리 주막에 있는 여인 하나가 조문을 왔다. 그녀는 많은 사람들 앞을 지나 노담의 영전 앞으로 가더니 향불을 붙이고는 어인 일인지 곡을 하지 않고 깔깔거리며 웃고 있었다. 사람들이 모두 놀라 그녀를 쳐다봤다.

"잘한 일이야. 잘한 일이야. 이제는 장마당에서 무無를 팔지 않아도 되겠군."

그녀는 이렇게 말하고 향을 하나 더 얹어 놓고는 일어났다.

"그대는 노담을 아는가?"

진일이 물었다.

"그는 무를 파는 사람이었지."

"어찌하여 곡을 하지 않고 웃었는가?"

"그러는 그대는 왜 곡을 하다 말고 중도에서 나왔는가?"

그녀는 이렇게 말하고는 곧 그곳을 떠나버렸다.

"조금 전 그 여인은 주막에 있는 기녀妓女가 아닙니까?"

제자가 진일에게 물었다.

"노담이 알고 있는 여인이로군."

"치마끈을 쉽게 푼다는 여인입니다."

그러나 진일은 한참이나 있다가 이런 말을 하였다.

"현빈玄牝의 계곡으로 들어가 천문天門을 열면 신천지가 있다고 들었네."

"신천지는 무하유지향을 말하는 것이 아닙니까?"

하고 제자가 묻자 진일은 다시 말하였다.

"그곳 주막에 현주라는 여인이 있다고 했네. 그녀가 바로 그 여인일세."

"그러면 거리의 주막이 그 주막이란 말입니까?"

"주막으로 가면 노담이 그곳에 있을 걸세."

진일이 거리로 나와 주막에 들르니 아닌 게 아니라 그곳에는 정말 노자가 와 있었다. 그는 현주가 따라 주는 술잔을 받으면서 진일이 들어서는 것을 보고 말하였다.

"자네는 내 영전에 곡을 했는가?"

"곡을 하다가 말았네."

진일이 대답하였다. 현주가 진일의 얼굴을 뚫어지게 쳐다보고 있었다. 진일은 현주의 눈이 매우 크다는 생각이 들었다.

노자가 말하였다.

"잘하였네. 껍데기를 알아본 모양이군."

그러자 주방에서 도마질을 하고 있던 주모가 건너다보며 말하였다.

"껍데기를 놓고 야단들이겠군."

방금 진일이 다녀온 상가를 두고 하는 말이었다.

"껍데기를 본 사람들이니 껍데기에 문상을 하는 것이야 어찌 하겠는가?"

노자가 이렇게 말을 하자 주모가 다시 말하였다.

"그 껍데기는 두고두고 세상 사람들을 힘들게 하겠군."

진일은 주모가 무슨 말을 하고 있는지 알아차리고 노자에게 이렇게 말하였다.

"자네는 선언善言을 하지도 않고 선행善行을 하지도 않았더군. 많은 사람들이 슬피 울고 있는 것을 보고 그것을 알았네."

그러나 노자는 말이 없고 주모가 다시 말하였다.

"선언은 상처를 주지 않고 선행은 자국을 남기지 않는다고 노담은 거짓말을 하고 다녔지. 무언無言을 유언有言으로 말하였고 무위無爲를 유위有爲로 행하면서 몸을 맡긴 때문이지. 그

대도 그짓을 하고 세상을 돌아다니는 모양이니, 이곳으로 오고
나면 남기고 올 껍데기가 작지는 않겠군."

주모는 노자를 바라보면서 씩 웃었다. 노자는 여전히 말이
없었으므로 진일은 옆에 있는 현주를 보고 물었다.

"그대는 노담이 파는 무를 먹어본 일이 있는가?"

현주는 따르던 술병을 놓았다. 그리고 이렇게 말하였다.

"노담에게도 저런 쑥맥 친구가 있었군."

너무 뜻밖의 말에 진일은 더 앉아 있지를 못하고 일어났다.
그러자 입을 다물고 있던 노자가 말하였다.

"그대는 떠나는 것이 좋겠군. 아직은 이곳이 자네가 머물 곳
이 아니네. 그러나 가다가 상가에 들러 하다 만 곡을 마저 하고
돌아가는 것이 좋겠네."

진일이 주막에서 나오자 지금까지 밖에서 기다리고 있던 제
자가 물었다.

"노담을 만났습니까?"

진일이 말이 없자 제자는 다시 물었다.

"그 기녀가 정말 현주라는 여인입니까?"

그래도 진일은 말이 없었다. 얼마를 가다가 상가에 다시 이
르게 된 것을 알게 되자 제자는 몹시 궁금하여 또 물었다.

"어찌하여 다시 이곳으로 돌아온 것입니까?"

"아까 하다 만 곡을 다시 하려고 하네."

진일은 노자의 영전으로 가더니 곡을 여러 번 하고 나왔다.

뜰에는 아직도 많은 사람이 돌아가지 않고 울고 있었다.

진일은 제자에게 말하였다.

"너는 내가 왜 아끼는 곡을 하다 말고 나왔으며 지금은 다시 돌아와 곡을 하였는지 아는가?"

"알지 못하겠습니다. 처음 곡을 하다 말고 나온 것은 선생님이 말씀해 주셨습니다만, 지금 다시 돌아와 곡을 하신 것은 그 까닭을 알 수가 없습니다."

제자는 선생인 진일의 행동을 정말 알 수가 없었다.

"주막에서 만난 사람들은 이 세상 사람들이 아니더구나. 노담을 만났으나 이전의 노담이 아니었고 주모 모장을 만났으나 이전의 주모가 아니었으며 기녀인 현주는 기녀가 아니었다. 상망은 만나지 못하였으나 모두 그림자 없는 사람이었느니라. 나는 그것을 몰라보고 그들과 함께 하려 하였으니 어찌 돌아와 다시 곡을 하지 않을 수 있었겠느냐."

진일은 이렇게 말하였다. 그는 얼굴이 몹시 창백해져 있었다.

"무하유지향에 있다는 주막의 사람들이군요."

제자가 하는 말이었다.

安時處順

노담이 죽었다는 말을 듣고 진일이 문상을 갔다. 그는 곡을
하다 말고 그대로 나왔다. 제자가 물었다.

"그는 선생님의 친구가 아닙니까?"

"그렇다."

"그렇다면 그렇게 문상을 해도 되는 것입니까?"

老聃死, 秦佚弔之, 三號而出. 弟子曰, 非夫子之友耶. 曰然,
然則弔焉若此可乎. ―「養生主」

먹물이 세상을 덮으면 墨

먹물을 먹은 사람은 천하를 그르치고
먹물에 빠진 사람은 몸을 가누지 못하니 어찌하면 좋겠는가?
먹은 먹물을 토해내기란 쉬운 일이 아니요
빠진 먹물에서 나오기란 더더욱 힘든 일일세.

부묵副墨이 책을 한 수레 싣고 현명玄冥을 찾아갔으나 그는 까막눈이라 글을 읽지 못하였으므로 낙송洛誦의 집으로 갔다. 글 읽는 소리가 담 밖에까지 들렸다. 뜰로 들어서니 낙송은 대청에서 책을 읽고 있었고 섭허聶許가 옆에서 눈을 감고 듣고 있었다.

"좋구나, 글 읽는 소리가 낭랑하구나."

부묵이 이렇게 말하자 그 때에야 낙송은 글 읽는 소리를 그치고 바라보았고 섭허는 눈을 뜨고 고개를 돌렸다.

낙송이 부묵을 보고 말하였다.

"어디서 그 많은 책을 구했는가?"

그는 무슨 책이든 읽고 암송하기를 좋아하였으므로 책을 보고는 몹시 반가워 하였다.

　"현명을 찾아갔으나 그는 글을 읽지 못하므로 이곳으로 가지고 왔네"

하고 부묵이 대답하였다. 그러자 옆에 있던 섭허가 혼자말처럼 한마디 하였다.

　"책을 읽지 못하면 세상일을 하나도 모르겠군."

　섭허는 낙송처럼 큰 소리로 읽고 암송할 줄은 몰랐으나 책을 한번 보면 모든 것을 알았다. 그리고 세상일은 모두 책 속에 있는 것이라고 생각하고 있었다. 두 사람은 책을 읽고 암송하고 토론하는 것으로 세월을 보냈다. 그것이 세상을 위하는 일이라고 생각하였다. 그러나 부묵은 그들을 부러워하면서도 책을 읽는 것이 왜 세상을 위하는지 알 수가 없었다. 그는 한참이나 있다가 이렇게 말하였다.

　"그렇다네. 현명은 세상일에 대해서는 별로 말이 없었네. 그러나 그를 찾아간 사람은 모두 많은 것을 얻고 돌아간다더군."

　낙송이 물었다.

　"무엇을 얻어 간다고 하던가?"

　"그것은 나도 알 수가 없었네. 그러나 모두들 평안한 마음으로 돌아가고 있더군."

　그러자 이번에는 섭허가 말하였다.

　"평안한 마음은 무엇을 얻은 때문이 아니라 아무것도 모르고 있는 때문일 걸세. 책을 읽을 줄 모르는 사람에게서 무엇을 얻었겠는가?"

섭허의 말에 부묵은 아무 말도 하지 않았다. 그때 어구於謳
가 노래를 부르며 대문 밖을 지나가고 있었다.

글을 읽은 사람은 세상 안에서 살고,
글을 모르는 사람은 세상 밖에서 살고 있었네.
글을 이미 알았으니
어이 할꼬, 어이 할꼬.

부묵은 가져온 책을 낙송과 섭허에게 넘겨주고는 급히 밖으
로 나왔다. 멀지 않은 곳에서 어구는 춤을 추며 걸어가고 있었
다. 부묵은 따라가 그에게 다가서며 물었다.

"그대는 어찌하여 책 읽은 것을 후회하고 있는가? 책 속에
무엇이 들어 있었단 말인가?"

어구는 걸음을 멈추고 부묵을 돌아보며 말하였다.

"자네는 책을 만들고 있는 부묵이 아닌가?"

"나는 책을 만들어 팔고는 있으나 무엇이 들어 있는지는 알
지 못하네. 글을 읽지 못하기 때문일세. 그러나 낙송과 섭허는
책을 읽지 못하면 세상일을 모른다고 했네. 책 속에는 정말 세
상 모든 일이 들어 있는 것인가?"

부묵은 책을 만들어 팔러 다니기는 했으나 한 자도 읽지 못
하였다. 그러나 글을 읽는 사람들이 모두 책을 소중히 여겼
으므로 자기도 그것을 대단한 것으로만 여기고 있었을 뿐이

었다.

"그렇다네. 세상일이 책 속에 다 들어 있다네."

"그런데 왜 책 읽은 것을 후회하고 있단 말인가?"

그러자 어구는 그 말에는 대답을 하지 않고 한참이나 있다가 이런 말을 하였다.

"자네는 현명에게 책을 팔러 가본 일이 있는가?"

"낙송의 집에 가기 전에 그에게 들른 일이 있네. 그러나 그는 아무 말도 하지 않았네."

현명은 정말 아무 말도 하지 않았다. 그런데 그는 찾아 온 사람들에게 무심주無心酒를 한 잔씩 따라주고 있었다. 부묵도 그것을 한 잔 받아먹고 나왔던 것이다.

"현명은 처음부터 글을 모르는 사람이었네"

하고는 더 말을 하지 않고 어구는 가버렸다. 부묵이 발길을 옮기려는데 첨명瞻明이 저만큼 오고 있는 것이 보였다. 그 뒤를 수역需役이 몹시 지친 몸으로 따르고 있었다.

"방금 떠나간 사람은 어구가 아닌가?"

다가온 첨명이 이렇게 물었다.

"그렇다네. 그는 현명을 만나고 크게 깨달은 바가 있는 사람 같았네."

수역이 물었다.

"무슨 말을 하던가?"

"글을 알게 된 것을 후회하고 있더군."

부묵이 이렇게 말을 하자 첨명은 수역을 돌아보며 말하였다.

"내가 무어라고 하던가. 현명을 만나보는 일은 부질없는 일이네. 어구가 저리 된 것은 그를 만난 때문일세. 그는 실성하여 노래만 부르고 다니지 않는가?"

첨명은 책을 읽고 지혜를 터득한 사람이었고, 수역은 책에 있는 모든 것을 실천하느라고 피골이 상접해 있는 사람이었다. 그들은 모두 책을 소중하게 여기고 있었다. 그들은 낙송의 집으로 가는 길에 부묵을 만난 것이다.

"그는 노래를 부르고 다니기는 했으나 실성한 사람 같지는 않았네. 다만 아는 것을 버리려 하는 것 같더군"
하고 부묵은 어구의 행동이 조금도 이상하지 않더라는 말을 하였다.

"그렇지 않네. 그대는 나와 수역을 보지 못하는가? 세상에서 나를 지혜 있는 사람이라 하는 것은 책을 많이 읽은 때문이요, 사람들이 수역을 실천가라고 하는 것은 책에 있는 내용을 몸소 옮기고 있는 때문일세. 어구가 책을 멀리하고 저리 다니는 것은 현명을 만난 때문이 아니겠는가?"

첨명은 모든 지혜가 책에서 나온다고 했고 수역은 세상에서 할 일은 책에 있는 것을 실천하는 것밖에는 없다고 하였다.

"지혜라는 것이 좋은 것인가? 그리고 세상일은 책 속에 있는 것을 실천하는 것인가?"
하고 부묵이 물었다. 그는 왠지 첨명의 말이 마음에 와 닿지를 않았다. 첨명이 지혜를 가지고 찾아다니는 일은 임금을 부추겨 전쟁을 하게 하는 것이요, 수역은 되지도 않는 일을 실천하

30

느라고 몸을 가누지 못할 정도로 힘들게 살아가고 있었던 것이다. 그리고 사람들은 그들을 별로 존경하고 있는 것 같지도 않았다. 그때 수역이 이렇게 말하였다.

"첨명은 어디를 가나 환영을 받고 있네. 그것은 첨명의 지혜로 싸움을 하고 경쟁을 하면 남을 이길 수 있기 때문일세. 그러나 나는 책에 있는 대로 실천하려고 하나 사실은 그대로 되는 일이 없었네. 그래서 늘 이렇게 근심을 가지고 살아가고 있다네. 나는 내가 하는 일을 모르겠네."

그는 온 몸의 피로와 함께 얼굴에는 수심이 가득 차 있었다. 그는 책에 대해서 첨명만큼 신뢰를 가지고 있는 것 같지는 않았다.

부묵은 그들과 함께 다시 낙송의 집으로 돌아왔다.

섭허가 첨명을 보고 물었다.

"그대는 오늘 누구를 만나보았는가?"

"위나라 혜왕을 만나고 오는 길이네. 그러나 그는 맹가와 이야기를 하면서 내 말에는 별로 귀를 기울이지 않았네"
하고 첨명이 대답하였다.

"환영을 받지 못했단 말인가? 자네의 지혜가 맹가만은 못했던 모양이군."

섭허의 말을 듣고 첨명은 다소 기분이 상하였다.

"맹가의 지혜는 별것이 아니었네. 인仁과 의義에 대해서 말하고 있더군. 다만 목소리가 나를 좀 압도하고 있었을 뿐이었네. 그러나 그를 보내고 나서 혜왕은 흡족한 표정은 아니더군.

오히려 나더러 한번 더 찾아와 줄 수 없겠느냐고 부탁을 하였네."

첨명은 맹자의 말이 좀 허황되더라는 이야기도 하였다.

낙송이 말하였다.

"맹가는 책을 많이 읽고 말도 잘한다고 들었네. 그러나 자네의 지혜만이야 하겠는가? 다음은 섭허를 데리고 가는 것이 좋겠군."

그러나 첨명은 이렇게 말하였다.

"섭허는 모든 것을 알고 있으나, 나라를 다스리는 데는 술수를 부릴 수 있는 지혜가 있어야 하네."

"지혜가 있어도 좋지만 덕이 있어야 하고 덕이 있어도 좋지만 실천을 해야 한다고 들었네. 낙송은 암송을 잘하지만 글뜻을 모르고 섭허는 글뜻을 알지만 지혜가 없고 첨명은 지혜가 있지만 덕이 없고 맹자는 덕이 있지만 실천이 없었네. 모두들 책을 좋아하다가 그리된 것이 아닌가? 나도 이제는 책에 대하여 어찌해야 할는지 조금은 혼란스럽네."

수역은 책에 있는 그대로 실천하려 하였으나 아무것도 되지 않았으므로 이렇게 말하였다. 지금까지 말을 하지 않고 듣고만 있던 부묵이 이런 제안을 하였다.

"우리가 현명을 한번 만나보는 것이 어떻겠나?"

그는 책을 한 수레 싣고 찾아갔으나 거들떠보지도 않아 현명에게서 돌아왔으나, 세상일을 모두 잊고 앉아 있던 모습을 생각하였다. 현명은 세상 밖에서 노닐고 있었던 것이다. 어구도 그것을 본 모양이었다.

"그를 만나서는 안되네. 저 실성한 어구를 보지 못했는가?"

첨명은 부묵의 제안을 듣고 펄쩍 뛰듯이 말하였다.

"현명은 책도 읽지 못한다고 하지 않았는가? 그를 만나 무엇을 하겠는가?"

섭허도 첨명과 같은 생각이라는 듯이 말하였다. 그때 어구가 노래를 부르며 다시 대문 밖을 지나가고 있었다.

　　이미 글을 알았으니 현명을 만난들 무슨 소용이 있겠는가?
　　모장의 주막을 찾아가 무심주에 취하면 모를까?
　　무심주에 취하면 모를까.

아무도 어구의 노랫소리에 귀를 기울이는 사람이 없었다. 부묵의 얼굴을 바라보고 있는 수역은 왠지 마음이 흔들리고 있었다.

며칠 후 수역은 부묵을 찾아갔다. 부묵은 일을 하다 말고 초췌한 얼굴의 수역을 바라보았다.

"현명을 만나볼 수 있겠는가?"

수역이 말을 하자 그가 찾아온 까닭을 알고 있는 부묵은 이렇게 말하였다.

"나도 책 만드는 일을 그만둘까 하네. 먹물이 세상을 덮으면 하늘의 해마저 가릴 것 같더군. 천하가 어두워진 다음에 등불을 밝힌다 한들 무슨 소용이 있겠는가?"

부묵은 책을 펴놓고 먹물로 글자를 하나 하나 지우고 있었던 것이다. 부묵이 하는 일을 보고 수역이 말하였다.

"마음속에 있는 글자도 지울 수 있겠는가?"

부묵은 그 말은 듣지 못한 듯 대답을 하지 않았다.

부묵이 수역과 함께 현명을 찾았을 때 현명은 집에 있지 않았다. 동자의 말은, 스승이 찾아와 모장의 주막으로 함께 술을 마시러 갔다는 것이었다.

"현명의 스승은 누구인가?"

부묵은 이렇게 물었으나 동자는 씩 웃고는 아무 말도 하지 않고 그냥 들어가 버렸다.

"현명도 스승이 있단 말인가?"

수역이 부묵에게 물었다.

"나도 처음 듣는 일이라 당혹스럽군. 하기야 스승 없는 사람이 어디 있겠는가? 그러나 놀라운 일이군."

동자는 다시 나올 생각을 하지 않고 있었으므로 더 묻지 못하고 부묵과 수역은 발길을 돌렸다. 모장의 주막으로 찾아갈까 하였으나 이튿날 다시 찾아오기로 하고 두 사람은 돌아왔다.

날이 저물었으므로 수역은 그날 밤은 부묵의 집에서 함께 묵고 다시 찾았을 때 현명은 스승이라는 사람과 함께 있었다. 그러나 부묵과 수역은 말을 붙여보지도 못하고 물러났다. 두 사람은 옷도 걸치지 않고 벌거벗은 몸으로 서로 다리를 올려놓은 채 대청 마룻바닥에서 잠을 자고 있었던 것이다. 동자의 말이 저렇게 한번 잠이 들면 하루 이틀은 보통이어서 언제 깨어날지 모른다는 것이었다. 설사 깨어난다 하더라도 현명은 의시疑始와 함께 있을 때는 아무도 만나지 않는다고 했다. 함께 자고 있는 의시는 현명의 스승이기도 하고 친구이기도 하다는 말도 하였다.

"자네는 두 사람의 자는 모습을 보았는가? 고목枯木이 넘어져 있는 것 같았네"

하고 수역이 말하였다. 부묵도 같은 생각이었으나 대답을 하지 않았다. 현명과 의시는 잠을 자고 있는 것이 아니라 정말 거대한 마른 나무 두 토막이 마루에 놓여있는 것 같았다.

두 사람은 오다가 주막에 들러 현명과 의시에 관하여 물었다. 주모인 모장은 현명을 잘 알고 있었으나 의시에 관해서는 모른다고 하였다. 그러나 엊저녁 술을 먹으면서 의시는 현명과 이런 대화를 하더라는 것이었다.

현명ㅣ 먹물을 먹은 사람은 천하를 그르치고 먹물에 빠진 사람은
　　　몸을 가누지 못하니 어찌하면 좋겠는가?
의시ㅣ 먹은 먹물을 토해내기란 쉬운 일이 아니요, 빠진 먹물에서
　　　나오기란 더 더욱 힘든 일일세.
현명ㅣ 어찌하면 좋겠는가?
의시ㅣ 모장이 주막을 연 까닭을 저들이 어찌 알겠는가?
　　　모장에게 물어 보게나. 모장에게 물어 보게나.

두 사람은 무심주를 얻어먹을 수 있었다.

그날 이후로 수역은 고달픈 일을 그만두었는지 보이지 않았
고 부묵은 책 만드는 일을 버리고 자취를 감추고 말았다. 그로
부터 책에 있는 것은 세상에 실천된 일이 없었고 남아 있는 책
은 천하를 그르치는 일에만 쓰였다. 낙송과 천명과 섭허는 그
것을 알고 있었으나 수역과 부묵을 찾지는 않았다. 세상에서
는 아무도 그들을 찾지 않았다.

여우는 도를 부묵의 아들에게서 듣고, 부묵의 아들은 낙송의 손자에게서 듣고, 낙송의 손자는 첨명에게서 듣고, 첨명은 섭허에게서 듣고, 섭허는 수역에게서 듣고, 수역은 어구에게서 듣고, 어구는 현명에게서 듣고, 현명은 참료에게서 듣고, 참료는 의시에게서 들었다.

(女偊) 聞諸副墨之子, 副墨之子聞諸洛誦之孫, 洛誦之孫聞之瞻明, 瞻明聞之聶許, 聶許聞之需役, 需役聞之於謳, 於謳聞之玄冥, 玄冥聞之參寥, 參寥聞之疑始. —「大宗師」

玄珠가
치마끈을 풀자

하루는 현주가 상망을 찾아와 이런 말을 하였다.
"나를 만난 사람은 천하를 쉽게 잊어버리더군."
"노나라 공구도 만나 보았는가?"
"그는 내 치마끈을 풀지도 못하고 도망을 치더군."

광랑지야曠埌之野 넓은 들판, 푸른 초원에서는 홍몽이 홀로 엉덩이를 드러내 놓은 채 볼기짝을 두들기며 신나게 놀고 있었다. 가죽나무에 앉아 있던 운장이 그에게로 내려와 앉으며 말하였다.

"방금 지나가던 사람을 보았는가?"

"상망象罔을 말하는 것인가?"

홍몽은 볼기짝을 가리울 생각도 않고 계속 몸을 움직이면서 운장을 보고 말하였다.

"그가 상망이로군!"

운장이 이렇게 말하고 있는데 저만큼 야마野馬가 이곳으로 오고 있는 것이 보였다. 원풍苑風과 순망諄芒이 그 뒤를 따라 오고 있었다.

"이쪽으로 오다가 상망이 지나가고 있는 것을 보았네. 홀로 가고 있더군."

야마가 다가와서 하는 말이었다. 상망은 언제나 이주離朱와 끽구喫詬와 함께 다녔는데 혼자 가고 있는 것이 이상하더라는 뜻이었다.

"끽구가 황제에게 꾸중을 들은 후로는 말을 제대로 하지 않는다는 이야기를 들었네. 자숙을 하고 있는 모양이지"
하고 홍몽이 말하였다. 운장이 물었다.

"공손룡도 그 앞에서는 입을 열지 못한다고 하는데 어쩌다 꾸중을 들었는가?"

"이주도 함께 꾸중을 들었다고 하더군!"

야마도 그것을 알고 있다는 듯이 말하였다.

"이주는 백리 밖에서도 바늘 구멍을 꿴다는 사람이 아닌가?"

이번에는 운장이 물었다. 그러자 순망이 말하였다.

"황제의 노여움을 산 모양이더군."

"현주玄珠를 찾아오라고 했는데 끽구와 이주는 찾아오지 못하고 뒤늦게 간 상망이 찾아 데리고 왔다고 하더군."

원풍이 그 내막을 자세히 설명하였다. 끽구와 이주 그리고 상망은 모두 황제의 신하였다. 하루는 황제가 현주를 데리고 곤륜산에 오른 일이 있는데 잠시 천하를 굽어보고 있는 동안 현주가 몰래 빠져나와 어디론가 숨어 버렸던 것이다. 혓바닥이 열개나 달렸다는 말 잘하는 끽구를 보냈으나 그녀를 찾지 못하고 돌아왔다. 백리 밖에서도 바늘귀를 꿴다는 눈 밝은 이주를 보냈으나 그도 찾아오지 못하였다. 마지막으로 황제는 상망을 보냈다. 그는 이목구비를 가지고는 있었으나 눈으로는 사물을 보지 못하고 귀로는 우레소리도 듣지 못하였다. 그러나 곤륜산을 내려간 지 얼마 되지 않아 곧 현주를 찾아 데려왔다. 그녀는 거리에 있는 모장毛嬙의 주막에서 술을 따르고 있었던 것이다.

황제가 물었다.

"너는 어찌하여 그 주막에 있었느냐?"

현주는 아무 대답도 하지 않았다. 상망이 옆에 있다가 말하였다.

"주막에는 많은 사람들이 있었습니다. 현주가 치마끈을 풀자 그들은 모두 정신을 잃고 바라보았습니다. 모두 천하를 구하러 다닌다는 사람들이었습니다."

현주가 주막 여인이 된 것을 알게 되자 황제는 끽구와 이주 두 신하와 함께 그녀를 세상 밖으로 추방해버렸다. 그리고 혼자 남아 있던 상망이 현주를 잊지 못하고 있는 것을 알고 황제는 그마저 추방해버렸다. 상망은 끽구와 이주를 만나 함께 다녔으나 그들은 전과 같지 않았다. 그러나 현주는 언제나 그를 반갑게 맞아 주었다. 주막에는 그녀의 치마끈을 풀려는 사람들이 항상 많았다.

하루는 현주가 상망을 찾아와 이런 말을 하였다.

"나를 만난 사람은 천하를 쉽게 잊어버리더군."

"노나라 공구도 만나 보았는가?"

"그는 내 치마끈을 풀지도 못하고 도망을 치더군."

현주는 주막에서 숫돌여인으로 알려져 있었다. 누구에게나 치마끈을 쉽게 푼다는 뜻이었다. 그러나 이것은 그녀를 비난하고 다니는 사람들의 말이었다. 공자 일행이 그렇게 불렀다. 끽구와 이주가 그들과 어울려 다닌다는 말을 들은 터라 상망은 이렇게 말하였다.

"그들은 이제는 현주를 몰라 보겠군."

"나를 비난하고 다닐지도 모르지."

현주는 끽구와 이주는 별로 관심이 없다는 듯이 말하였다. 상망은 현주의 마음을 알았다.

운장은 가죽나무 위로 다시 돌아가고 원풍과 순망은 계곡이 있는 숲속으로 사라졌다. 초원에는 홍몽이 야마와 함께 춤을 추며 남아 있었다. 그들은 번갈아 가며 노래를 불렀다.

세상이 시끄러워진 것은 끽구가 입을 연 때문인가?

천하가 지혜를 다투는 것은 이주가 눈을 뜬 때문인가?

나는 몰라! 나는 몰라!

말이 많아지면 하는 일이 번거롭고,

지혜가 밝아지면 마음이 혼란할 뿐,

나는 몰라! 나는 몰라!

홍몽이 부르면 야마가 따라하고, 야마가 부르면 홍몽이 따라 불렀다. 그때 상망이 돌아오다가 그들을 보고 물었다.

"내 친구들을 보지 못했는가?"

상망은 끽구와 이주를 찾아다니고 있었던 것이다. 그러나 홍몽과 야마는 대답을 하지 않고 그냥 사라져 버렸다. 상망은 하늘을 바라보며 탄식하였다.

"말로 천하가 구해지는 것이 아니거늘, 지혜로 세상이 다스려지는 것이 아니거늘, 노나라 공구를 흉내내서 무엇하리."

상망은 친구들이 곤륜산에서 내려온 후 세상을 구한다고 바쁘게 돌아다닌다는 소문을 들은 때문이었다. 그는 한숨을 지었다.

가죽나무에서 상망을 바라보고 있던 운장이 말하였다.

"어찌하여 그대는 한숨을 짓고 있는가?"

"친구들이 천하를 구한다는 마음을 아직도 버리지 않고 있다네."

"천하를 구한다는 일이 그리도 부질없는 짓인가?"

"저들을 보지 못했는가? 공구는 앉은 자리가 따뜻해질 겨를도 없이 돌아다녔으나 천하는 바뀌지 않았고, 묵적墨翟은 선왕의 예악禮樂을 훼손하면서까지 절용節用하여 그의 집 굴뚝에서는 연기가 날 날이 없었으나 세상 사람을 구하지 못하고 자기 몸만 학대하고 말았네. 흙탕물은 휘저으면 더 혼탁해지는

42

법, 저들은 물이 서서히 맑아지는 것을 알지 못하고 있다네"
하고 상망은 끽구와 이주가 공자와 묵자를 흉내내고 있는 것을
안타까워하며 말하였다.

"친구들은 황제의 신하들이 아니었나?"

운장이 이렇게 물었다.

"황제가 우리들을 곤륜산에서 내려보낸 것은 흐린 물을 휘
저으라고 한 것이 아니었네. 출렁이는 물을 눌러서 잠재우려
하니 될 일이겠는가? 조금 전에 홍몽과 야마는 이런 노래를 부
르고 있었네. 말은 할수록 문제를 만들어내고 지혜는 쓸수록
영혼을 헝클어 놓아 자기 몸 하나 건사할 줄을 모르게 된다는
뜻이었네. 끽구가 말을 버리지 못하고 이주가 지혜를 버리지
못하니 딱한 일이 아니겠는가?"

그러자 운장은 다음과 같은 말을 하면서 가죽나무에서 멀리
떠나가 버렸다.

"끽구가 말을 버리면 어찌 끽구이겠는가? 이주가 지혜를 버
리면 어찌 이주이겠는가? 그대가 친구들을 걱정하고 있다니
상망답지 않구려."

상망은 친구 찾는 일을 그만두고 현주에게 가보기로 하였다.
그러나 어디선가 이런 소리가 들려왔다.

치마끈을 아무나 푸는가?

천하를 잊은 사람이라야 풀 수가 있지.

그리고 또 이런 소리도 들려왔다.

　숫돌에는 아무 칼이나 가는가?
　막야가 아니고서는 갈 수가 없지.

　바라보니 풍이馮夷와 하백河伯이 물에서 나와 바윗등에서
몸을 말리고 있었다. 그들이 부르는 노랫소리였다.

황제가 적수에서 노닐다가 곤륜산의 언덕을 올랐다. 천하를
굽어보고 돌아오는 길에 현주를 잃어버렸다. 知를 보내 찾
게 하였으나 찾지 못하였고 이주를 보내 찾게 하였으나 찾
지 못하였고 끽구를 보내 찾게 하였으나 또한 찾지 못하였
다. 그리하여 상망을 보냈더니 금방 찾아가지고 돌아왔다.

黃帝遊於赤水之北, 登乎崑崙之丘, 而南望還歸, 遺其玄珠,
使知索之而不得, 使離朱索之而不得, 使喫詬索之而不得也,
乃使象罔, 象罔得之. —「天地」

초원의 동자들

"세상 안에 살면서 세상 밖의 일을 생각하는 것이
무슨 소용이 있습니까?" "그렇지 않다. 집안에서는
집을 볼 수가 없으니 집이 넘어간들 버틸 수가 없을 것이다."

세상은 한가롭다. 광막지야, 가죽나무 한 그루가 그
늘을 드리우고 있었다. 수레 천 대를 쉬어 가게 할 수 있는 큰
그늘이었다. 끝없이 펼쳐진 초원은 숨을 쉬고 있었다. 생명이
뛰어 놀고 있다. 그 위를 홍몽이 엉덩이를 까발기고 볼기짝을
두들기며 팔딱팔딱 뛰어 놀고 있었다.

"즐거워라! 즐거워라!"

동자들이 홍몽에게로 달려가는 모습이 보였다. 멀리 하늘에
는 구름 한 점이 한가롭다.

가죽나무 가지를 타고 놀던 운장이 초원으로 내려와 홍몽에

게로 다가갔다. 홍몽은 여전히 초원 위를 뒹굴고 있었다.

"노인장은 잠시도 몸을 한 자리에 두지 않고 움직이니 어인 일입니까?"

"나는 몰라! 나는 몰라!"

홍몽은 계속 굴러다니면서 모른다고만 하였다.

"전날에 보니 노담은 낮잠을 자고 공구가 찾아 왔으나 일어나지 않았습니다. 허유許由는 요임금이 와도 움직이지 않았고 소부巢父는 풀을 뜯긴다지만 소의 고삐를 당긴 일이 없습니다. 모두 할 일 없이 지내는 사람들입니다. 이들을 어떻게 생각하고 있습니까?"

운장이 이렇게 묻자 이번에는 홍몽이 잠시 몸을 멈추고 말하였다.

"노담은 낮잠을 자면서도 지루하지 않고 허유는 가지려는 마음이 없고 소부는 바라는 마음이 없다."

운장이 다시 물었다.

"천하를 구하러 다니는 공구는 어떤 사람입니까?"

"당랑이 수레바퀴를 밀고 있는 것을 보지 못했는가. 물은 바위가 있으면 비켜 가고 웅덩이가 있으면 쉬었다 간다."

이번에는 또 이렇게 물었다.

"선생님은 잠시도 쉬지 않고 몸을 움직이는데도 힘들지 않습니까?"

"귀찮게 같은 말을 또 묻는구나. 나를 보고 팔딱팔딱 뛴다지만 나는 뛰는 줄을 모르고, 나를 보고 굴러간다지만 나는 굴러

가는 줄도 알지 못한다. 마음에 무엇을 머물러 둔 적이 없다. 마음이 머물지 않는데 무엇이 나를 방해하겠는가."

홍몽은 다시 볼기짝을 두들기며 풀밭으로 굴러가듯 사라졌다. 동자들도 그를 따라갔다.

"홍몽이 무어라 하던가?"

근처를 지나가던 야마野馬가 운장을 보고 말하였다. 야마는 홍몽의 친구로 운장이 모시고 있던 스승이었다.

"공구가 어떤 사람인가 물었더니 당랑의 이야기를 했습니다. 천하를 위하는 일이 그렇게도 부질없는 짓입니까?"

"그러고는 또 무슨 말을 들었느냐?"

"노담은 지루한 마음이 없고 허유는 가지려는 마음이 없고 소부는 바라는 마음이 없다고 했습니다."

그러자 야마가 말하였다.

"많이 배웠구나! 이젠 너도 자유로울 수 있겠구나."

운장은 스승에게 하직하고 가죽나무 가지로 돌아갔다. 강가에서 놀던 원풍과 순망이 오더니 야마와 함께 어울렸다. 그들은 홍몽의 흉내를 내며 춤을 추며 초원을 돌아다녔다. 홍몽이 다시 오고 있었다.

요堯임금이 신하들을 거느리고 마침 초원을 지나가고 있었다.

"저들도 사람입니까?"

홍몽과 야마 그리고 원풍과 순망이 노는 모습을 바라보고 있던 신하 한 사람이 물었다.

"아닐 게다. 전에 허유를 만났을 때 초원의 친구들이 있다더니 저들인가보다."

"허유는 보이지 않습니다."

또 신하가 말을 했다.

"소부의 집에 있을 것이다. 거기서 세상 밖의 일들을 이야기하고 있겠지."

요임금은 세상을 근심하는 일이 한없이 작은 일이라는 생각을 하였다.

"세상 안에 살면서 세상 밖의 일을 생각하는 것이 무슨 소용이 있습니까?"

"그렇지 않다. 집안에서는 집을 볼 수가 없으니 집이 넘어간들 버틸 수가 없을 것이다. 저들이야말로 천하를 근심하는 사람일 것이다."

신하들은 추연한 빛에 잠기는 요임금의 얼굴을 바라보면서 어찌할 바를 몰라 했다.

이어 공자 일행이 그곳을 지나가고 있었다. 공자를 따라가고 있던 안회가 조심스럽게 말하였다.

"동자들이 보이지 않으니 어인 일입니까?"

언제 왔는지 유하계가 옆에 있다가 가죽나무 있는 곳을 가리켰다. 노자는 보이지 않고 동자들만이 그늘 아래 여기 저기 흩어져 잠을 자고 있었다. 풀 향기가 그들 위에 이불처럼 내려앉아 있었다.

"저 동자들은 사람의 아이들이 아니군요."

공자의 제자 증삼의 말이었다.

"심재心齋의 아이들일세."

보이지 않던 노자가 진일과 함께 다가오면서 말하였다. 전날 허유가 귀를 씻고 있던 개울에서 막 목욕을 하고 나오는 길이었다. 공자는 예禮를 묻고 싶었으나 전에 도척을 찾아갔던 일이 악몽처럼 떠올라 가만히 있었다. 진일이 그것을 알고 말하였다.

"도척에게 가서도 유복을 벗기지 못하고 돌아왔으니 천형天刑이로다. 구리가 무겁고 패결이 거추장스럽구나."

공자는 마음이 혼란스러웠다.

"저들과 노닥거릴 시간이 없습니다. 많은 사람들이 선생님을 기다리고 있습니다."

자로가 공자의 발길을 짜증스럽게 재촉하였다. 성미가 급한 그는 이따금 스승의 행동이 불만스러웠다. 왜 쓸데없는 사람들을 만나 시간을 보내며 봉변을 당하는지 알 수 없는 일이었다.

공자 일행이 떠나자 잠을 자던 동자들이 부스스 눈을 뜨고 일어났다.

心齋

운장이 동쪽을 유람하다가 神木으로 있는 큰 나뭇가지 아래를 지나면서 홍몽을 만났다. 그는 자기 넓적다리를 두드리며 참새처럼 팔딱팔딱 뛰면서 놀고 있었다.

雲將東遊. 過扶搖之枝, 而適遭鴻蒙, 方將拊髀雀躍而遊.
―「在宥」

포정도 숫돌에 칼을 갈았을까

庖丁

날이 서지 않는 무쇠칼은 몸을 수고롭게 할 뿐
갈고 또 갈아도 허공을 가를 수는 없네.

"저기 지나가고 있는 여인은 바로 그이가 아닌가?"

몸에 요란한 치장을 하고 걸어가는 한 여인을 보고 누군가 하는 말이었다. 여인은 돌아보면서 추파를 던졌다. 눈은 왕방울 같고 키는 작았으나 목에는 검은 구슬을 걸고 있었다. 여인은 장거리 모장의 주막에 있는 현주玄珠였다. 사람들은 그녀를 숫돌여인이라고 불렀다. 칼을 갈러 다니는 여인이라 부르기도 하였다. 아무 사내나 끼고 그 짓을 하고 돌아다닌다는 뜻이었다. 사람들의 말대로 정말 칼을 갈고 다니는지는 알 수 없는 일이나 그녀는 늘 바빴다. 그리하여 주막에 붙어 있는 날이 별로 없었다. 그러한 그녀를 주모 모장은 이상하게도 크게 나무라지 않았다.

"어딘가 또 칼을 갈러 가는 모양이군!"

또 한 사람이 말하였다. 그는 몹시 불편한 심기를 드러내는 말투였다. 언젠가 칼을 갈러 갔다가 너무 무딘 칼을 가지고 왔다고 퉁바리맞고 주막에서 쫓겨나온 일이 있기 때문이었다. 그럼에도 불구하고 그는 여인네에게서 잠시도 눈을 떼지 못하고 있었다. 여인은 그 사내에게도 힐끔 추파를 보냈다.

"저 숫돌에 칼을 갈아보지 않은 사람이 없다더군!"

누군가 이렇게 말하였다.

"그렇다는 소문이더군!"

또 다른 사람의 말이었다.

"포정도 저 숫돌에다 칼을 갈았을까?"

처음의 사내가 말하였다. 그 말을 듣고 여인이 가던 길을 되돌아 왔다.

"포정이 있는 푸줏간을 알고 있소?"

여인은 포정의 집을 찾고 있는 모양이었다. 그러나 사람들은 말을 하지 않았다. 그때 광대 하나가 노래를 부르며 그들의 앞을 지나갔다.

무쇠칼을 가는 숫돌이 막야를 만난들 알 수 있겠는가.

또 한 사람의 광대가 그를 따라가며 노래를 불렀다.

네 몸을 스쳐가지 않은 칼 없다고 하지만,
보물 하나 칼집에서 녹이 슬고 있구나!

이번에는 두 광대가 함께 노래를 불렀다.

날이 서지 않는 무쇠칼은
몸을 수고롭게 할 뿐
갈고 또 갈아도
허공을 가를 수는 없네.

광대를 바라보고 있던 여인은 대수롭지 않게 말하였다.
"홍 어제 주막에 들렀다던 그 사내로군!"
그리고는 큰 엉덩이를 흔들며 저만큼 가버렸다.

"포정의 뒤를 따라가는 광대는 보지 못하던 사람이로군!"
마침 그곳을 지나가던 왕예王倪가 일행을 돌아보고 하는 말
이었다.
"아무래도 사람은 아닌 것 같군."
미끄러지듯 그림자처럼 포정의 뒤를 따라가고 있는 광대를
보고 하는 말이었다. 그는 광굴狂屈이라는 사람이었다.
"검劍의 신령이로군!"
피의被衣가 비로소 그 광대의 정체를 알아보고 말하였다.
"포정이 이름이 난 것은 저 신령 때문이로군."

54

설결齧缺의 말이었다. 이들은 모두 막고야산에 살고 있는 나무꾼들이었다. 등에는 빈 지게 하나씩을 지고 있었다. 아침에 나무를 지고와 장마당에서 팔고 돌아가는 길이었다. 오늘은 돌아가는 길에 남화원에 들러 친구들을 만나기로 하였다. 친구들이란 다름 아닌 초원의 동자들을 말하는 것이었다.

어느 날 무쇠칼이 막야에게 말하였다.

"그대가 명검이라고는 하나 알아보는 사람이 없으니 무슨 소용이 있겠는가?"

막야는 말이 없었다. 주인을 잃은 그는 칼집 속에서 녹이 슬고 있었다. 무쇠칼이 다시 말하였다.

"장석匠石이란 목수는 사람의 코에 토분土糞을 발라놓고 멀리서도 그것을 깎아내릴 수 있었다고 하네. 그러나 친구가 죽고 나자 그 기술도 아무 소용이 없었지. 포정의 손에 들렸을 때 춤을 추고 허공을 갈랐으나 그는 가고 없고 당신은 칼집에서 나올 날이 없으니 딱한 일이 아닌가."

"내가 포정을 만난 것은 천운이요, 포정도 나를 만난 것은 천운이었으나 이제 그 운이 다하였으니 누구를 원망하겠는가?"

막야는 이렇게 말을 하며 한숨을 지었다. 옆에 있던 숫돌이 말하였다.

"내 몸에 당신을 갈아보는 것이 소원이었으나 운이 다하였다니 어쩔 수 없는 일이군!"

"저것들은 사람의 혼령이 아닌가?"

야마가 말하였다.

"그런가보군. 포정도 영혼을 가지고 가지는 못했나보군!"

홍몽이 말하였다.

"그랬나보군! 그랬나보군!"

그때 원풍이 순망과 함께 다가오면서 말하였다.

"사람의 혼령이란 쓸모가 없는 것이군!"

"그래서 세상에 버리고 간 것이 아니겠는가?"

야마와 홍몽과 원풍과 순망은 초원의 친구들이었다. 잠시 나들이를 왔다가 돌아가는 길에 무쇠칼과 막야가 이야기를 나누는 모습을 보았던 것이다.

뼈와 뼈 사이에는 빈 공간이 있고 칼날은 두께가 없다.
두께가 없는 것이 빈 공간 안으로 들어가 휘저으니
칼놀림에는 아무것도 부딪힐 것이 없다.

彼節者有間, 而刀刃者無厚, 以無厚入有間, 灰灰乎, 其於遊
刃, 必有餘地矣. ―「養生主」

생_生과 사_死의 틈에 몸을 맡기면

옳도다. 세상 살아가는 도리가 그곳에 있음을 알겠도다.
명예에도 가까이 하지 말고 형벌에도 가까이 하지 말라는
말이 있었거니와 영榮과 욕辱의 사이,
생生과 사死의 사이에 몸을 맡기면 되겠구나.

옛날 중국 전국시대의 일이다.

어느 시골에 소 잡는 일을 직업으로 하는 포정庖丁이라는 백정이 있었다. 그의 칼놀림이 얼마나 유명했던지 보는 사람마다 입을 딱 벌리고 넋을 잃었다. 칼 하나로 수천 마리의 소를 잡아왔으나 숫돌에서 방금 떼어낸 것처럼 시퍼런 칼날을 그대로 유지하고 있어 19년 동안 칼을 한번도 갈아본 일이 없었다.

그 포정庖丁이 하루는 위魏나라 왕인 문혜군文惠君 앞에서 소를 잡게 되었다. 집채만한 소 한 마리를 끌고 오더니 산채로 마당 한가운데에 세워 놓고는 조심스럽게 칼을 빼어들고 한 각 한 각 뼈마디를 갈라가며 떼어내는데 소는 아무런 고통도 없는

듯 소리없이 죽어갔다. 그 광경을 보고 있던 문혜군이 놀라움과 감탄을 금치 못하고 말했다.

"어떻게 그리 할 수 있단 말인가? 그대의 동작은 도저히 사람이 하고 있는 짓거리가 아니로군."

포정은 일을 다 마치고 칼을 씻어 다시 자루에 넣고는 문혜군을 쳐다보지도 않고 먼 산만 바라보다가 혼잣말처럼 입을 열었다.

"그렇습니다. 저는 세상 사람들이 하는 그런 방법으로 소를 잡지는 않습니다. 칼자루에 힘을 주어 손으로 가르고 몸으로 우격다짐하여 잡는 것은 저들의 방법이지만 저는 칼끝에 도道를 넣어 마음의 기氣를 쏟을 뿐 몸에서 힘을 모두 빼고 칼 가는 대로 손을 맡기고 있었을 뿐입니다. 그러고 나니 칼끝은 뼈와 뼈 사이의 빈틈을 찾아 그 사이를 소리도 없이 지나갔습니다. 서툰 백정일수록 칼을 자주 갈게 마련인데 그것은 소를 마음으로 잡지 않고 힘과 완력으로 칼에만 의존하기 때문입니다. 뼈를 가르고 틈 아닌 곳을 갈라나가다가 그만 칼날이 떨어지고 더러는 중동이 부러져 나가기도 합니다. 그러나 빈틈을 지나가는 칼날이야 항상 그대로 있을 수밖에 없지 않겠습니까."

"옳도다. 세상 살아가는 도리가 그곳에 있음을 알겠도다. 명예에도 가까이 하지 말고 형벌에도 가까이 하지 말라는 말이 있었거니 영榮과 욕辱의 사이, 생生과 사死의 사이에 몸을 맡기면 되겠구나!"

문혜군은 그제야 비로소 양생養生의 비법을 터득하고 포정

에게 상을 내리려 하였으나 그는 이상한 노래를 부르면서 이미
저만큼 사라지고 있었다.

  생生에도 사死에도 들지 말라 했거늘
  기뻐할 것도 슬퍼할 것도 없어라
  칼은 허공에서 춤을 추니
  숫돌이 무슨 소용 있으리.

生
死

능숙한 백정은 1년에 칼을 바꾸어 소를 잡고, 서툰 백정은
달마다 칼을 바꾸어가며 잡습니다. 그러나 제 칼은 19년 동
안 소 수천 마리를 잡았으나 칼날은 방금 숫돌에서 떼어낸
것 같습니다.

良庖歲更刀割也, 族庖月更刀. 折也, 今臣之刀十九年矣, 所
解數千牛矣, 而刀刃若新發於硎. ―「養生主」

남화원의 사람들

남화원의 향연

시간이라는 준마를 타고 사유의 광야를 달리는 莊子

지상 최대의 교향악이 열리던 날

어부

시골장터의 약장수

장자는 불쑥 들어와 無 한개를 던지고

어리석도다, 孔子여

나는 옷이 남루하지만 당신은 마음이 남루하니

남화원의 향연

南華苑

모두 춤을 추기 시작했다.
원풍이 소리 없이 다가와
여인네들의 치마폭을 들추며
낄낄거리고 돌아다녔다.
보기에 아름다웠다.

어느날, 무하유지향에 있는 남화원에서는 향연이 열리고 있었다. 막고야산藐姑射山에서 발원한 강물은 이곳에 와서 도도히 흐르고, 끝간데 없이 펼쳐진 광랑지야壙埌之野 넓은 초원에는 홍몽鴻濛이 엉덩이를 까발긴 채 볼기짝을 두들기며 팔딱팔딱 뛰어 놀고 있었다. 수백 아름의 가죽나무 위에 앉아 있던 운장雲將이 하늘 높이 오르면서 그 모습을 내려다보고 있었다. 오늘의 향연은 이 초원에서 열리고 있었다.

남화원에는 천하의 명인이란 명인은 다 와 모여 있었다. 천하를 근심하는 성인들은 물론이요 지혜있는 사람, 재주있는 사람, 현인·재사들이 다 모여 들었다. 악공인 사광師曠·소문昭

64

文이 와 있는가 하면, 목수 장석匠石, 백정 포정庖丁, 점쟁이 계함季咸이 와 있었고, 구루자痀僂子 같은 꼽추, 혹부리 대영大癭, 언청이 무순無脣, 절름발이 왕태王胎·신도가申徒嘉·무지無趾도 와 있었다. 그들도 나름대로 한 가지씩의 재주는 다 가지고 있는 사람이었다.

추남 애태타哀駘它가 와 앉아 있는가 하면, 서시西施·모장毛嬙·여희麗姬와 같은 미녀들도 참석해 있었다. 도척盜跖은 졸개 수백 명을 데리고 와 왕방울 같은 눈망울을 굴리고 있었고, 그밖에 제환공齊桓公·양혜왕梁惠王 그리고 정자산鄭子産·전자방田子方 같은 나라의 재상들도 있었다.

역시 장관인 것은 삼천의 제자를 거느리고 와 앉아 있는 공자孔子의 모습이었다. 그가 가장 우아하였다. 머리에는 둥근 유관儒冠을 쓰고 도포에는 패결佩玦을 달고 발에는 네모진 구리履屨를 끌고 있는 때문이기도 하였다.

노자老子는 친구 진일秦佚과 함께 있을 뿐, 따르는 사람이 없었다. 묵자墨子는 걸레조각이 다 된 옷을 입고 있었으나 걸인들이 그를 옹위하고 있었고, 허행許行·추연鄒衍·공손룡公孫龍도 눈에 띄었다.

한비자韓非子가 도척의 무리와 어울리는 것을 보고 분기가 탱천해 있는 맹자의 모습은 누가 보아도 가장 눈에 띄었다. 그는 도척만큼이나 장신이었고 체격이 우람하였다. 그 때문에 도척을 더 미워하는 것인지도 몰랐다.

공자의 제자 안회顔回와 증삼曾參이 아까부터 초원을 바라

보고 있었는데, 그곳에서는 광굴狂屈·왕예王倪·설결齧缺·
피의被衣가 벌거벗고 홍몽과 더불어 광대짓을 하고 있었다. 물
가에서 놀던 순망諄芒이 거기에 끼어들었고 막고야산 계곡에
살고 있는 원풍苑風도 내려와 함께 어울렸다. 모두 벌거숭이로
춤을 추고 있었던 것이다.

"저들을 현자라 하는 까닭을 모르겠습니다."

안회가 말하였다.

"예가 아니면 보지 말라 했거늘 차마 얼굴을 들 수가 없습니다."

증삼의 말이었다. 그는 노모를 등에 업고 있었다.

"알 수 없구나. 모두 세상 밖의 일이로다."

공자는 무심한 듯 이렇게 말하면서도 속으로는 마음이 편치
않았다. 지금까지 제자들에게 가르쳐 온 공이 일시에 무너지
는 것 같았기 때문이었다.

노자는 백 아름이 넘는 가죽나무 그늘 아래 거적을 깔고 앉
아 진일과 한가롭게 담론을 하고 있었다.

"망묘조莽眇鳥가 날아오르면 다 탈 수 있을지 모르겠군."

진일의 말이었다.

"아마 타지 않으려는 사람도 있을 걸세."

공자가 이쪽으로 걸어오는 것을 보면서 노자가 말했다.

"이보게 한공자. 저기 나처럼 생긴 저놈이 누구인지를 아는
가?"

아까부터 웃지도 않고 장승처럼 서 있는 우람한 체격을 가진

사람을 보고 하는 도척의 말이었다.

"공구의 제자 맹가孟軻라는 사람이 아닙니까?"

도척이 가리키고 있는 쪽을 보면서 한비자韓非子가 말하였다. 맹자는 화가 난 얼굴을 하고 이쪽을 바라보고 있었다.

"저놈은 제자가 아니라 공구의 하수인일세. 제자는 스승의 말을 공손히 따르기만 할 뿐 자기를 내세우는 일이 없지. 그런데 저놈은 스승의 말도 제 말처럼 내세우고 시키지도 않은 일을 앞질러 하면서 세상을 그르치고 있네. 하수인이란 공을 세우는 데만 마음이 가 있지 일의 잘못은 생각하지 않는 사람이 아니던가. 저놈이 그런 놈일세. 공이야 제일 많이 세웠겠지. 입담은 오죽 좋은가? 저놈의 웅변을 당할 사람이 없네."

도척은 맹자에게 그리 좋은 감정을 가지고 있지 않은 것 같았다.

"그러나 사람들은 그를 아성亞聖이라고 칭찬하고 있지 않습니까?"

한비자는 맹자를 그다지 나쁘게 생각하고 있지 않았다. 그로서는 무엇보다 맹자의 달변이 부러웠다.

"아성은 어중간한 성인이란 말일세. 그래서 온 천하 사람을 다 그르치고 있지. 참다운 성인은 사람을 다치게 하는 일이 없네. 말을 해도 듣는 사람의 마음에 상처를 주는 일이 없고 일을 해도 자국 하나 남기는 일이 없네. 서툰 백정이 사람을 잡는다는 말이 있지 않은가. 어중간한 성인은 성인이 아니라는 말일세."

"그런데도 칭송을 받고 있는 까닭은 무엇입니까?"

남화원의 사람들 67

"자네는 말더듬이인 줄만 알았더니 귀까지 먹은 모양이군."

한비자는 겸연쩍은 듯 귀를 만지면서 입을 열었다.

"사실은 그래서 장군을 만나고 싶었소. 어떻게 들어가 보지도 않고 보물이 있다는 것을 알며, 높은 담과 자물쇠 하나 개의치 않고 그렇게 감쪽같이 남의 집을 드나들 수 있단 말이오. 그뿐인가? 물건을 잃어버린 사람은 원망하는 마음을 가지지 않고 물건을 얻은 사람도 그냥 생긴 것으로 생각하고 있으니 법이 무슨 소용이 있단 말이오?"

도척은 화광 같은 눈으로 한비자의 얼굴을 뚫어지게 바라보다가 갑자기 천지가 진동할 만큼 큰 소리로 웃어댔다. 그리고 말하였다.

"한공자가 그런 말을 하다니, 법을 그렇게 알고 있다니!"

"병이 들어 누웠다가도 약을 먹고 일어나 다시 일을 할 수 있지 않더냐. 그것은 몸이 아직 죽을 때가 되지 않아서이니라. 네가 입은 옷을 부끄러워하지 말라. 꿰매고 또 꿰매어서 걸레조각처럼 되었더라도 몸을 가릴 수 있는 것은 아직 버릴 때가 되지 않았기 때문이다. 세상을 위한다는 저들의 옷을 보라. 옷소매는 너무 길어 옷감을 헛되이 소비하고 입지 않아도 될 도포와 갖옷을 덧걸쳐 많은 사람을 헐벗게 하였도다. 머리에 얹은 둥근 관冠은 거추장스러울 뿐 무엇에 쓸모가 있으며, 허리에 찬 패결과 구리 장식은 아무리 사단을 밝히고 천문 지리를 밝힌다고 하나 도는 하늘과 땅에 있는 것이요, 갓과 신발에 있는 것이 아니다. 일의 옳고 그름이 어찌 허리에 매단 패결에 있겠느냐. 공연한 짓거리들이 재물을 모자라게 하고, 꾸미고 장식하는 일들이 질박한 마음을 그르치게 하고 있다. 저들이 천하를 위한다는 사람들이로구나."

묵자가 제자들에게 하는 말이었다.

"이 그릇도 땜질하면 쓸 수가 있겠습니까?"

걸인 하나가 구멍 뚫린 밥그릇을 받쳐들고는 말하였다.

"둥근 것은 규規를 쓰고 모가 난 것은 구矩를 사용하되 젓가락도 물에 담그면 굽는다는 것을 잊지 말아라."

이번에는 다른 걸인 제자가 물었다.

"죽은 사람에게 비단옷을 입히고 꽃가마를 태우는 일은 산 사람의 도리가 아닙니까?"

그는 노모가 오래 전부터 앓고 있어 장례를 걱정하고 있었다.

"산 사람의 도리가 죽은 사람에게 무슨 관계가 있겠느냐. 걱정하지 말라. 네 어미가 곧 내 어미니라."

"그러나 귀신은 있는 것이 아니겠습니까?"

"귀신이 꽃가마를 타고 눈물을 흘린다면 어찌 하겠는가."

묵자는 제자들에게 자식 대하듯 말하고 있었다.

"법이 무너지는가. 선 하나 넘는 것도 용납해서는 안된다던 한공자가 도척의 무리와 어울리다니, 법보다 인과 의를 앞세우라 충고했던 것은 나의 잘못인가. 그래도 울타리는 있어야 하는 것을, 천명天命을 수행할 일이 더욱 힘들어지겠구나. 아 이

천하를 어이 구할꼬?"

이제는 호연지기浩然之氣마저 다 삭은 듯한 지친 모습으로 맹자는 하늘을 쳐다보고 한숨을 쉬었다.

"당신은 언젠가 장바닥에서 약을 팔고 있던 사람이구려."

그때 모장毛嬙이 술주전자를 들고 와 말하였다.

"그렇다네. 자네는 바로 그 주막의 주모로군."

맹자는 별로 반가운 표정은 아니었으나 주모가 따라주는 술잔을 거절하지 않았다.

"술을 약으로 먹는다면 그보다 더 좋은 일이 없지."

맹자는 술을 지나치게 먹으면 사람을 그르치게 할 수도 있다는 뜻으로 한 말이었다.

"당신은 딱한 사람이구려. 술은 술로 먹어야지 어떻게 약으로 먹는단 말이오. 언젠가 주막에 들른 손님 하나가 콩과 보리도 구별할 줄 모르는 사람을 만났다더니 지금 보니 당신을 만난 것이 아닌지 모르겠군."

주모 모장의 말이었다. 맹자는 거리의 주모 따위와 상대를 하고 싶지는 않았으나 생각하는 바가 있어 마음을 고쳐먹고는,

"그 손님이 누구라 하던가?"

하고 물었다. 며칠 전 산모롱이에서 콩자루와 보리자루를 메고 가던 노인에게 큰 봉변을 당한 일이 떠오른 까닭이었다. 양혜왕梁惠王을 만나고 나오는 길이었다. 노인 하나가 불쑥 나타나더니 "이것은 콩이요, 이것은 보리라네" 하고는 맹자가 말을 건네 볼 겨를도 없이 사라진 일이 있었다.

"무명인無名人을 내가 어떻게 알겠소?"

주모는 이렇게 비웃듯이 말하고는 휑하니 자리를 떴다.

초원에는 해가 넘어가고 있었다. 홍몽은 야마野馬가 와서 데려가고, 순망諄芒은 강으로 돌아갔으나, 원풍苑風은 광대들과 헤어지고 온 초원을 돌아다니며 돌아갈 생각을 하지 않았다. 운장은 다시 가죽나무 가지로 돌아가 앉았다. 어둠이 깔리기도 전에 달이 떠올랐다.

여인들이 풀밭으로 나와 춤을 추며 노래를 불렀다.

"술을 술인 줄 모르니 콩과 보리를 어떻게 분별할 수 있겠는가."

모장의 소리였다.

"주모는 술을 팔고 약장수는 병을 팔고 있네."

여희의 화답이었다.

"사단환四端丸은 무슨 약인가? 마음에 병을 심어 주는 사환단四患丹일세."

이것은 서시의 목소리였다. 그때 꼽추 구루자가 여인들 앞으로 나오면서 노래를 불렀다. 혹부리 대영과 언청이 무순도 따라나와 끼어들었다.

그 약을 먹고 죽은 사람 얼마이던가.

백이 숙제는 굶어 죽고 용봉 비간은 가슴을 가르고 죽었다네.

구루자가 부르자 대영과 무순이 따라 불렀다.

말이 천성을 잃은 것은 백락白樂의 죄요,
인간이 옷을 입게 된 것은 요임금의 죄로다.

왕태도 노래를 부르며 다가왔다. 그 뒤를 이어 무지와 신도
가도 따라 나왔다. 이들은 모두 형벌을 받아 다리 하나씩 잘린
사람들이었다.

천명은 하늘의 뜻이요 사람의 뜻이 아니거늘,
모기가 태산을 등에 지고 창해를 건너려 하네.

붕새가 구만리 장천을 오르는 것은 때가 되었기 때문이요,
초료鷦鷯가 쑥대 사이를 벗어나지 않는 것은 천명을 알기 때문
이로다.

신도가가 부르자 무지가 따라 불렀다.
"좋구나! 아름답구나!"
애태타가 한쪽에서 그들을 바라보다가 이렇게 말하였다. 애
태타의 목소리를 듣자 여인들은 우르르 달려와 그의 목을 안고
무릎 위에 앉았다. 애태타가 일어나자 여인들은 다시 춤을 추
기 시작했다. 모두 춤을 추기 시작했다. 원풍이 소리 없이 다가
와 여인네들의 치마폭을 들추며 낄낄거리고 돌아다녔다. 보기
에 아름다웠다.

세상에는 즐거움만을 가지고 살 수는 없는 것일까? 죽지
않고 늘 살아 있는 방법은 없는 것일까? 무엇을 하고 무엇
에 의존해야 하는 것일까? 무엇을 피하고 어디에 처해야
하는 것일까? 무엇을 따르고 무엇을 버려야 하는 것일까?
무엇을 즐거워하고 무엇을 미워해야 하는 것일까?

天下有至樂無有哉, 有可以活身者無有哉, 今奚爲奚據, 奚避
奚處, 奚就奚去, 奚樂奚惡. —「至樂」

시간이라는 준마駿馬를 타고 사유의 광야를 달리는 莊子

공자와 주공은 고삐를 거머쥐고 닦아 놓은 길道만을
한사코 찾아 걸으려 하였고, 노자와 황제는 고삐는커녕
굴레마저 내동댕이치고 없었다.

장자莊子는 인간이 사유할 수 있는 것은 모두 다 사유해본 사람이다. 상상의 날개를 장자만큼 넓고 크게 펴본 사람도 없으리라. 현대인의 사유 능력과 상상력으로도 그의 상상 범위를 넘어서지 못한다. 어린아이의 기괴한 공상만화도 장자의 공상을 따라가지 못한다.

장자는 삶과 죽음, 기쁨과 슬픔, 하늘과 땅, 유有와 무無의 세계를 용케도 피해 다니면서 세계의 질서를 온통 뒤범벅으로 만들어 놓는다. 장자의 세계에서는, 불은 뜨거워야 하는데 뜨겁지가 않고 얼음은 차가워야 하는데 차갑지가 않다. 달걀에는 털이 있고 개구리에는 꼬리가 나 있다. 이것은 모두 시간 때문에 일어난다. 시간 기계, 타임 머신의 산물이다.

　장자는 시간이라는 준마駿馬를 타고 달린다. 광야는 끝이 없
고 준마는 지칠 줄 모른다. 주위에는 군중의 소리가 요란하다.
그 중에는 공자孔子의 목소리도 있고 맹자孟子의 목소리도 들
린다. 저만큼 미소를 머금고 앉아 있는 노자老子의 모습도 보
인다.

　끝없는 광야는 사유·사상의 세계요, 달리는 준마는 시간이
다. 기수騎手는 장자다. 장자는 시간이라는 준마를 타고 사유
의 광야를 끝없이 달린다. 공자를 만나고 노자를 만나고 주공
周公을 만나고 황제黃帝를 만나 한참씩 짓거리를 벌일 때도 있
다. 황제와 노자는 진인眞人이요 주공과 공자는 성인聖人이다.
성인은 하늘과 땅 사이에서 살려고 하는 사람이고 진인은 하늘
과 땅 밖에서 소요逍遙하려고 하는 사람이다. 공자와 주공은
고삐를 거머쥐고 닦아 놓은 길道만을 한사코 찾아 걸으려 하였
고, 노자와 황제는 고삐는커녕 굴레마저 내동댕이치고 없다.

　공자가 탄 말은 비리비리하고 귀는 축 처져 있고 네 다리는
꼬챙이처럼 말라, 걸으면 곧 부러질 것만 같았다. 그러나 쓰러
지지 않고 어기적어기적 용케도 길을 잃지 않고 걸어가고 있
다. 말에게는 무거워 보일 만큼 큰 굴레와 고삐가 매여 있다.
맹자가 옆에서 고삐를 우악스럽게 거머쥐고 있다. 맹자가 고
삐를 단단히 쥔 까닭은 말이 길 아닌 곳으로 갈까봐 걱정스러
웠기 때문이다. 길가에는 먹음직스런 콩밭과 보리밭이 있어

공자가 탄 말을 유혹하고 있었다.

　공자는 도중에서 장자가 탄 준마를 만났다. 저만큼 노자도 청우青牛를 타고 지나가고 있었다. 굴레가 없으니 고삐도 물론 없었다. 그들은 말 가는 대로 소 가는 대로 몸을 맡기고 있을 뿐, 어디를 목적지로 삼고 가는 것도 아니었고, 그렇게 돌아오는 길도 아니었다.

　공자가 타고 있는 말이 그들을 선망의 눈빛으로 쳐다보았다.

　"천하가 모두 사랑仁으로 돌아오면 나도 저런 소요를 즐길 수 있고 말고."

　공자가 말하였다. 공자는 세상을 구하려고 서둘러 천하를 도는 중이었다. 그의 얼굴에는 우환憂患의 그림자가 가득 차 있었다. 말은 지치고 해는 저물어가는 터라 몸과 마음이 더욱 바쁜 걸음이었다.

　　어느 세월에나 천하가 사랑으로 돌아올 것인고.
　　죽고 나면 소요할 천하도 없어지는 것을.
　　공구孔丘의 부질없는 짓을 누가 말릴꼬,
　　누가 말릴꼬……

　노자가 선창하자 장자가 따라 불렀다. 맹자는 화가 머리끝까지 치솟아 오른 듯 예의도 의리도 모르는 이단자異端者들이라고 고래고래 소리를 질러댔다.

어느 세월에나 천하가 사랑으로 돌아올 것인고.

예禮를 버리라고 했건만, 말은 굴레를 무거워하네.

이번엔 장자가 선창하자 노자가 따라 불렀다.

광야는 끝이 없고 달리는 준마는 그칠 줄 모른다. 기수騎手
는 장자이다. 광야는 사상이고 준마는 시간이다. 장자는 시간
이라는 준마를 타고 사상이라는 광야를 달린다.

잠시 달리던 것을 멈추고 장자는 주공을 만났다. 왜 공자에
게 그토록 크고 무거운 굴레를 지웠느냐며 따지고 들었다. 왜
꿈 속에서조차 헤어나지 못하도록 굴레를 씌웠느냐고 따졌다.
그러나 주공은 미소만 지을 뿐 아무 말이 없었다. 장자는 멋쩍
은 생각이 들어서 그냥 물러 나오고 말았다. 공자가 자기가 만
든 굴레를 자기 스스로 쓰고 있다는 것을 그제야 알았기 때문
이었다.

황제가 저만큼 지나가고 있었다. 걸음이 매우 빨라 따라갈
수가 없었다.

장자는 노자를 찾아가 주공을 만났던 일을 이야기하고 황제
가 지나가더라는 말을 했다. 노자는 공자가 방금 다녀갔다고
말했다. 바로 그 문제의 굴레禮에 관해 묻고 갔는데, 사람이라
면 누구에게나 다 씌울 궁리를 하더라는 것이었다.

두 사람은 한숨을 쉬었다. 그렇다면 걱정스런 일이었다.

공자는 노자를 만나고 나오는 길에 산모퉁이 숲 속에서 매미

蟬를 잡고 있는 늙은 꼽추 한 사람을 만났다. 꼽추는 얼마나 수월하게 매미를 잡는지 땅에 떨어진 흙덩이를 주워담듯 하였다. 공자는 감동해 마지않았다.

"잘도 잡는구려! 그래 무슨 비결이라도 있으시오?"

꼽추는 꾸부정한 자세로 허리도 펴지 못한 채 공자를 한번 힐끔 쳐다보고는 혼잣말처럼 중얼거렸다.

"그대가 노나라 공구라는 걸 나는 알지. 그대가 노나라 공구라는 걸 나는 알지."

그러고는 두번 다시 거들떠보려고도 하지 않았기 때문에 공자는 더 물어볼 말을 잊어버리고 말았다.

맹자는 아까 노자를 만나고 나오면서부터 앙앙불식이었으나, 저만큼 주공이 서 있는 것을 보자 더 생각해볼 겨를도 없이 스승인 공자를 모시고 허겁지겁 달려가 주공 앞에 함께 부복하였다. 공자보다 몇 걸음 뒤에서 부복하고 있던 맹자는 너무나 감격하고 황감한 나머지 눈물까지 흘리고 있었다. 주공은 오십 길도 넘는 높은 벼랑 위에서 무섭게 쏟아지고 있는 폭포수 밑을 내려다보고 있었다. 그는 자기 앞에 부복해 있는 공자와 맹자를 보더니 장히 못마땅한 듯 눈살을 한번 찌푸리고는 아무 말 없이 폭포 밑을 가리켰다.

물보라가 연기처럼 피어오르는 폭포수 밑은 굉장한 양의 물이 몇 번이나 곤두박질을 치다가 다시 솟아오르면서 사나운 물결이 되어 흐르고 있었다. 그 속에 머리가 하얀 백발 노인 하나가 물결을 따라 몇 번이고 곤두박질을 치다가는 떠오르고 떠올랐다가는 다시 잠기곤 하는 모습이 보였다.

공자는 얼굴빛이 갑자기 달라지면서 맹자를 데리고 서둘러 폭포 밑으로 달려 내려갔다. 그들이 물에 빠진 사람을 구하려고 하자 어느새 노인은 물가에 있는 바위 위로 나와 앉아 흥겨운 듯이 노래를 부르고 있었다.

"어찌된 일이오, 노인장? 무슨 비결이라도 있단 말이오?"

"그대가 노나라 공구라는 걸 나는 알지. 그대가 노나라 공구라는 걸 나는 알지. 주공은 말 없이 가버리고 그대는 나를 구하러 달려 왔네."

노인은 공자를 거들떠보지도 않은 채 두 다리로 물장난을 치면서 노래하듯 말했다.

내려온 곳을 올려다보니 주공은 정말 가버리고 없었다. 공자는 아쉬운 표정이었으나 맹자는 거의 울상이 되어 있었다.

"조금 전에 숲 속에서 만났던 꼽추와 똑같은 말을 하고 있구려!"

"그 굴레를 쓰고는 헤엄칠 수 없지. 그 멍에를 지고는 물에 뜰 수가 없지."

노인은 더 물어볼 겨를도 주지 않고 첨벙 물 속으로 뛰어들었다. 개구리보다도 더 능숙하게 물결을 따라 헤엄쳐 나가고 있었다.

하늘과 땅이라는 수레를 타고 사물의 변화라는 말을 몰고
無窮 속을 오고 간다면 무엇이 그를 간섭할 수 있겠는가?

若夫乘天地之正, 而御六氣之辨, 以遊無窮者, 彼且惡乎待哉.
—「逍遙遊」

지상 최대의
교향악이 열리던 날

잘하는구나! 잘하는구나!
얻은 것이 없었으면 버릴 것도 없었으리!
얻은 것이 없었으면 버릴 것도 없었으리!

지상 최대의 교향악 연주가 열린다는 날이다. 아침
부터 모여들기 시작한 청중은 한낮이 되자 막고야산藐姑射山
의 계곡을 가득 메웠다. 곧 해가 지고 어둠이 깔렸다. 연주 시
간이 점점 다가오자 강기슭이며 바위 언덕, 골짜기 구석구석
입추의 여지가 없었다. 이 역사적인 연주를 듣기 위하여 먼 곳
에서는 일주일 전에, 더러는 달포 전에 떠나 지금에야 막 도착
했다는 사람도 있었다. 소문昭文, 사광師曠, 종자기鐘子期는 말
할 것도 없고 세상에서 내로라 하는 악인樂人들, 음악 애호가
들은 빠짐없이 모여들었다. 뿐만 아니었다.

『시경詩經』을 다듬고 『악경樂經』을 손수 편찬했다는 공자孔

子는 맹자孟子와 더불어 3천의 제자를 이끌고 맨 앞에 자리잡고 있었고, 한비자韓非子·상앙商鞅·양주楊朱·묵적墨翟이 보이는가 하면, 추연鄒衍·허행許行이 보이고, 손자孫子·오자吳子·혜시惠施·공손룡公孫龍도 거적을 들고 앉을 자리를 찾아 서성거리는 모습이 보였다. 이들은 모두 자기가 성자聖者나 현자賢者인 체하는 지식인들로, 사람이 모이는 곳이면 천리千里를 멀다 하지 않고 찾아다니며 지식을 팔아먹어야만 직성이 풀리는 사람들이었다.

그 중에서도 맹자와 공자는 서로 의기가 맞아 시골 장날은 물론이요, 구석진 촌락의 생일잔치까지 찾아다니지 않는 곳이 없었다. 혜시와 공손룡은 만나는 사람마다 억지를 부리고 트집을 잡아 시비是非와 싸움질을 일삼는 무리들이요, 양주는 머리카락 한 오라기의 소유所有를 확인하기 위해 열을 올리는 사람이었다. 묵적은 골목 안의 거지, 불량배들을 모아놓고 자기를 아버지처럼 대하라고 종용하기에 바쁜 사람이었다. 추연·허행은 농민들을 상대로 지식을 팔아먹었고, 손자·오자는 왈짜패들 속에 몰려다니며 병장기들을 빌려 주고 싸움질하는 법을 가르쳤고, 한비자·상앙은 사람잡는 족쇄와 덫, 그물, 우리를 만들어 팔았고 그밖의 많은 사람들도 마찬가지로 모두 나름대로 자기 지식을 팔아먹기에 여념이 없었다.

그 바쁜 중에도 그들이 오늘 이 막고야산 아래로 이렇게 모여든 것은 지상 최대의 연주를 들어보겠다는 생각에서였다. 그리고 그 중의 몇몇 사람은, 군중이 많이 모여들리라는 예측을 하고 나름대로의 계산과 욕심이 있는 때문이기도 하였다. 그러나 이상하게도 노자老子 · 장자莊子의 모습은 보이지 아니하였다.

연주 시간이 다가오는 모양이었다. 웅성거리던 청중은 조용해지고 모두 무대 쪽을 향하였다. 수백 길 깎아지른 절벽이 병풍처럼 둘러쳐져 있고 그 위에 수백 아름의 소나무 하나가 구름처럼 드리워져 있었다. 그 아래 운동장처럼 깔려 있는 넓은 반석이 무대였다. 역사적인 교향악 연주는 이제 이 무대 위에서 행해지리라는 것이었다. 달이 소나무 가지에 걸려 무대 뒤편의 절벽을 비추고 있었다. 그것이 반사되어 무대 주위를 환하게 조명해주고 있었다.

어디선가 서서히 바람이 불어오기 시작하였다. 막고야산이 숨을 쉬는 것인지 한들한들 살랑살랑 나뭇잎이 흔들리기 시작하였다. 곧이어 쏴아 하는 소리와 함께 풀잎은 풀잎대로 가지는 가지대로 흔들리기 시작하였다. 바위가 울고 나무 밑둥이 흔들렸다. 온갖 소리가 하나로 합해지고 만 가지로 갈라지면서 무서운 소리를 내기 시작하였다.

우는 소리, 웃는 소리, 외치는 소리, 깔깔거리는 소리, 통곡하는 소리, 흐느끼는 소리, 왁자지껄하는 소리, 싸우는 소리, 분노하는 소리, 달래는 소리, 웅성거리는 소리, 훌쩍이는 소리, 꾸짖으며 질타하는 소리, 비웃는 소리, 숨쉬는 소리, 한숨짓는 소리, 소곤거리는 소리, 코고는 소리, 울부짖는 소리, 신음하는 소리, 발자국 소리, 마차 지나가는 소리, 신발 끄는 소리, 뛰어

가는 소리, 문 여닫는 소리, 물건 떨어지는 소리, 활시위 떠나는 소리, 과녁 맞는 소리, 물 빠지는 소리, 비오는 소리, 천둥치는 소리, 우르릉 와르릉 우우 하는 소리가 나면 와아 하는 소리가 났다.

청중은 넋을 잃어가고 있었다. 소문·종자기는 거문고 줄을 끊고 사광은 북채를 꺾었다. 공자는 울고 그 제자들은 흐느끼며 훌쩍이고 있었다. 묵자도 입을 벌린 채 죽은 고목처럼 굳어 있었고, 한비자는 백지장처럼 창백한 얼굴로 겁에 질려 있었다. 혜시·공손룡은 벙어리가 되어 말을 잃고 있었고, 손자·오자는 병장기를 떨어뜨린 채 다시 주위들 생각을 못하고 있었다.

모든 청중은 처음에는 말을 잃었고, 다음에는 마음을 잃었고, 그리고는 서로 잃고, 자기를 잃어가고 있었다. 생각을 잃고 시비를 잃고 지혜를 잃고 분변分辨을 잃고 선악을 잃고 호오好惡를 잃고 그들이 가지고 온 모든 것을 잃었다.

막고야산이 조용해지고 연주는 서서히 멈추었다. 청중들은 다시 웅성거리기 시작하였다. 맹자가 갑자기 미친 사람처럼 일어나 소리를 질렀다.

"사기詐欺입니다. 이것은 음악이 아닙니다."

공자는 아무 말이 없었으나 눈살을 한번 찌푸리고 나서는 이내 다시 멍한 모습으로 돌아와 앉아 있었다. 몇몇 사람이 다가와 공자를 에워쌌다. 맹자는 아직도 마음을 삭이지 못한 듯 몹시 분개한 낯빛으로 다가와 앉으며, 아무 말씀도 안 하시고 그러고만 앉아 있는 스승에게 원망스러운 눈길을 보내고 있었다. 안회顔回는 조심스럽게 공자의 얼굴 표정을 살폈고, 증삼曾參은 지고 온 『악경樂經』을 내려놓은 채 선생님 앞에 앉기가 황감스럽다는 듯 몸둘 바를 모르고 안절부절 못하고 있었다.

공자는 예전의 모습이 아니었다. 눈은 아무것도 보지 않고 있었고, 귀는 아무것도 듣지 않고 있었으며, 마음은 아무것도 생각하지 않고 있었다. 전에는 한번도 이런 모습을 보인 적이 없었다.

안회는 스승의 마음을 헤아릴 길이 없어 어떻게 받들어야 할지 몰랐다. 조심스럽게, 그리고 몹시 어렵게 입을 열었다.

"선생님! 맹자의 말이 너무 지나친 것인가요? 아니면 음악이란 원래 저런 것인가요? 선생님이 편찬하신 저 『악경』에는 분명 음音이 있고 율律이 있으며 음陰과 양陽이 있고, 궁 · 상 · 각 · 치 · 우宮商徵羽의 절節이 있습니다. 그리하여 살릴 것은 살리고 죽일 것은 죽이고, 높일 것은 높이고 낮출 것은 낮추고, 모이고 흩어짐이 있어 조調할 것은 조하고, 화和할 것은 화하는가 하면, 파破할 것은 파하고 절絶할 것은 절하여, 유무有無를 나누어 시비是非를 분명히 하고, 호오好惡를 갈라 애락哀樂을 분명히 하여 성정性情을 온전히 하려한 것이 『악경』이 아니겠습니까? 그런데 이제 저 천뢰악天籟樂이라는 음악은 한 가지도 죽이는 것이 없고, 한 가지도 파破하는 것이 없으며, 만萬 가지 소리 천千 가지 음音을 다 살려내고 있습니다."

"그거야! 바로 그거야."

신음 비슷한 소리를 지르며 공자는 비로소 평상시의 마음으로 돌아온 듯 안회顔回에게로 시선을 돌렸다. 눈빛은 동공이 제자리를 찾아 사물을 꿰뚫기 시작했고 시비를 분명히 하려는 마음이 얼굴에 나타났다. 그리고 세상을 근심하는 우환의 그림자가 공자를 본래의 모습으로 돌아가게 하고 있었다.

"이것은 분명히 사기야! 음악이 아니야."

공자가 본래의 모습으로 돌아오자 맹자는 다시 용기를 얻어 아까보다 더 큰 소리를 질러댔다. 그 소리가 얼마나 컸던지 막고야산을 울리게 하였고, 제각기 모여 앉아 나름대로 열띤 토론을 하고 앉았던 사람들이 그 바람에 모두 공자 있는 쪽을 향하여 돌아앉거나 더러는 달려와 말참견을 하기 시작하였다.

"아까 소문昭文 선생은 거문고 줄을 끊으시고, 사광師曠 선생은 북채를 부러뜨렸습니다. 음악의 천재요 음률의 신인神人이신 소 선생과 사 선생이 다시는 거문고와 북채를 잡지 않으실 생각으로 앉아 있습니다. 종자기 선생도 마찬가지입니다. 도무지 알 수가 없습니다. 참다운 음악은 오늘로 세상에서 사라지는가 봅니다. 다시는 전해질 길이 없어지고 말았습니다."

자기 키보다 더 큰 인뢰人籟를 안고 있던 늙은 악공樂工 한 사람이 한숨 섞인 소리로 하는 말이었다. 그는 소문을 따라 다니고, 때로는 종자기를 따라다니며 그 문하에서 일생을 거의 다 보낸 노인이었으나, 아직도 그 신악神樂의 묘한 이치를 다 터득하지 못하고 있는 사람이었다. 그는 소문의 동생이라는 말도 있고 그의 아들이라는 말도 있으나 확실치는 않았다.

"『악경』이 있다네! 우리 선생님이 편찬하신 『악경』이 있다네."

아까부터 황공스러워 감히 공자 앞에는 앉지도 못하고 줄곧 엉거주춤 서 있기만 하던 증삼이 악공의 말을 받아 위로하듯이 하는 말이었다. 그러나 그는 혹시나 자기가 주제넘은 말이나 하지 않았는가 하여 스승의 표정을 살피고 있는 눈치였다.

"아닐세, 아닐세! 소문이 거문고 줄을 끊었고 사광이 북채를 꺾었다네! 『악경』이 무슨 소용이 있으리! 『악경』이 무슨 소용이 있으리!"

공자는 증삼이 지고 온 『악경』을 가져오라 하여 한 권 한 권 죽간竹簡을 뽑아내어 부러뜨리기 시작하였다.

그러자 한비자는 그물 족쇄를 버리고, 손자·오자는 병장기를 내던졌다. 혜시는 시비를 버리고, 공손룡은 말言을 버리고, 묵적은 사랑을 버리고, 순자는 이름名을 버리고, 양주는 자기를 버리고, 추연은 산算가지를 집어 내던졌다.

갑자기 어디선가 도척盜跖이 도끼를 휘두르며 나타났다. 그러고는 버려진 물건들을 주섬주섬 주워 담아 모두 훔쳐 가지고 달아나 버리는 것이었다.

그때 장자가 노자를 데리고 무대 위로 올라오는 모습이 보였다.

"잘하는구나! 잘하는구나! 얻은 것이 없었으면 버릴 것도 없었으리! 얻은 것이 없었으면 버릴 것도 없었으리!"

두 사람은 덩실덩실 춤을 추고 돌아가면서 서로 노래를 주고
받는 것이었다.

    장자│ 하늘이 피리를 불고 땅이 장단을 치니,
    노자│ 소리는 저절로 나네! 소리는 저절로 나네!
    장자│ 노래는 누가 부르나! 노래는 누가 부르나!
    노자·장자│ 나는 몰라! 나는 몰라! 그것은 알아서 무엇하리!

    맹자는 사기라고 계속 소리를 질러대고 있었으나 아무도 그
에게 관심을 가져주는 사람이 없었다.
    천뢰악天籟樂 제2곡第二曲 연주가 다시 서서히 시작하고 있
었다.

和

소리는 무한으로 존재한다. 아무리 악기로 소리를 다 내려
한다 하더라도 내는 소리보다 잃어버리는 소리가 더 많다.
사람들은 피리 불고 거문고 줄을 뜯어 소리를 내려고 한다.
소리를 내려고 하면 완전한 소리는 없어지고 소리를 내려
고 하지 않으면 소리는 다 살아난다.

夫聲不可勝擧也, 故吹管操絃雖有繁手, 遺聲多矣, 而執籥鳴
絃者, 欲以彰聲也, 彰聲而聲遺, 不彰聲而聲全.
—「齊物論 郭象注」

어
부

"자라가 솥에 들어가기 전에 무어라 하지 않던가?"
어부가 물었다.
"공구의 말을 믿고 살다가는 다 나같이 되리라고 하더군."
주모 모장의 대답이었다.

화진南華津 나루는 넘쳐 흐르고 있었다. 가을물秋
水이 때마침 장마를 만나 온 세상 물이 모두 그리로 흘러들고
있었다. 넘실거리는 강물은 참으로 크고 넓어 건너편 강기슭
에는 짐승 하나가 풀을 뜯고 있었는데, 그것이 소인지 말인지
분별할 수가 없었다.

하백河伯은 신이 났다. 천하의 장관이 모두 자기 품에 들어
와 있다고 생각하였다. 북으로 흘러흘러 따라가도 물길은 끝
나지 않았다. 그러다가 북명北冥에 이르러 하백은 아연실색하
고 말았다. 얼굴이 흙색이 되었다. 물은 하늘에 맞닿아 끝도 시
작도 없이 천지天池를 이루고 있었다. 하백은 입을 벌리고 정

신을 잃고 말았다.

　북해약北海若이 다가와 하백의 어깨를 흔들었다. 그리고 빙
그레 웃었다. 하백은 얼른 약 앞에 꿇어 엎드렸다. 그리고 말하
였다.

　"겨우 백 개의 도리를 얻어 듣고는 천하에 나를 따를 자가 없
다고 자만해왔소. 평소에 공구의 견문도 보잘것없는 것으로
생각했고 백이 숙제의 의義도 하찮게 여겨 왔으나 이제 그대의
가없음을 내 눈으로 보고는 그만 갈 길을 잃고 말았소. 만일 내
가 그대를 찾아 나서지 않았더라면 대방가大方家의 발톱에도
매달려 살지 못할 뻔하였소."

　그때 붕새가 날갯짓을 하며 북명에서 날아오르려 하고 있
었다.

　하백이 돌아왔을 때 물은 줄어들고 강기슭의 초원은 다시 한
가로워졌다. 의기소침해진 하백은 물가로 나와 바위에 앉아
있었다. 어부漁父가 그물질을 하다 말고 다가왔다.

　"이 자라를 어찌하면 좋겠소?"

　자라는 그물 안에서 읍소하고 있었다.

　"저는 결코 주인님의 뜻을 어긴 일이 없습니다. 물고기를 해
친 것은 저 개인의 배를 불리기 위한 것이 아니었습니다. 집에
는 병든 노모가 있습니다. 제가 봉양하지 않을 수가 없습니다.
어찌 한 생명을 이유 없이 함부로 해칠 수가 있겠습니까. 주인
님이 북해약을 만나러 간 다음 중니의 막내 제자라는 사람이

찾아와 효孝에 관해 장황하게 늘어놓았습니다. 자식의 도리를
알게 된 다음부터 제 몸을 제 마음대로 가늠할 수가 없었습니
다."

"하백도 어찌할 수 없겠구나. 천형天刑을 받았으니 어찌 할
거나 어찌 할거나."

그때 홍몽이 강둑 풀밭 위를 굴러가면서 말하였다. 하백은
다시 물 속으로 들어가고 어부는 그물 속의 자라를 걷어 올려
도롱이에 담았다.

어부가 주막에 들어섰을 때 그곳에는 공자 일행이 와 있었
다. 주모 모장은 주방에서 도마질을 하고 있었고 서시와 여희
는 그들을 거들떠보지도 않고 젖가슴을 드러내 놓은 채 화장
을 하면서 방안에서 시시덕거리고만 있었다. 현주는 보이지
않았다.

어부가 말하였다.

"주모는 어찌하여 손님들을 거들떠보지도 않는가?"

구석에 술상도 없이 앉아 있는 공자 일행을 보면서 하는 말
이었다.

"장날마다 허탕을 치고 돌아와 궁상을 떠는 저들에게 무엇
이 있다고 반기겠수."

주모의 도마 소리가 갑자기 커지면서 곱지 않았다.

"오늘은 장마당에 난리가 났었다우."

속옷 차림의 여자가 방안에서 고개를 내밀고 말참견을 하였

다. 여희였다. 이마는 먹물로 자자를 당하고 발뒤꿈치 하나가 잘려나간 사내가 장거리에 나타났던 것이다. 많은 장꾼들이 그를 두고 죄인이니 아니니 하는 문제로 온종일 웅성거린 일이 있었다. 여희는 그것을 두고 하는 말이었다.

"이마의 먹물은 인仁 의義를 달여 먹고 그리 되었고 발뒤꿈치가 잘려나간 것은 시비是非의 칼날 위에 올라섰다가 그리 되었다더군."

푸줏간의 포정庖丁이 주막을 들어서며 하는 말이었다.

"그 사나이가 누구라던가?"

어부가 물었다.

"정자산鄭子産과 동문수학 하던 신도가申徒嘉라 하더군."

"그들의 스승은 백혼무인伯昏无人이 아니던가?"

"한때는 중니의 제자로도 있었다더군."

포정은 구석에 앉아 있는 공자 일행을 힐끔 쳐다보며 말을 했다.

"저 사람은 문혜군文惠君 앞에서 소를 잡았다던 그 백정이 아닌가?"

포정이 들어오는 것을 보고 있던 공자 일행 중 한 사람이 말하였다. 그리고 그들은 포정을 두고 논란을 벌이고 있었다.

"주모 이것을 삶아 탕을 만들어 주게."

어부는 자라가 든 도롱이를 주모에게 건네주고는 포정과 함께 논쟁을 벌이고 있는 공자 일행에게로 다가갔다.

"당신들은 이 사람에 대한 이야기를 하고 있는 것이 아니오?"

어부는 포정을 옆에 앉히며 말하였다. 공자 일행이 논쟁하는 내용은 포정이 정말 문혜군 앞에서 소를 잡았느냐 하는 것이었다. 그리고 칼날에 피 한 방울 묻히지 않고 네 다리 사각을 떼어낼 수 있었느냐는 것에 대해서 양론으로 갈리고 있던 것이다.

"거짓 없이 말해 주게. 십구 년 동안 한번도 칼을 갈지 않았다는 것이 사실인가?"

조금 전에 포정이 들어오는 것을 보고 알아보던 사람이 말하였다. 그는 공자의 제자 자공이었다. 포정은 말이 없었다.

"헛소문이 세상을 덮고 있었단 말인가?"

제자 증삼의 말이었다. 옆에서 자로가 주먹을 불끈 쥐었다. 그는 불 같은 성미를 이기지 못하여 씩씩거리고 있었다. 스승 앞인지라 무던히 참고 있는 중이었다.

"문혜군이 그대의 소 잡는 일을 보고 양생법을 터득했다는 말을 들었소. 분명 당신은 도를 알고 있는 분일 것이오."

공자는 제자들 앞으로 나서며 정중하게 예를 갖추어 말하였다. 스승이 그리하는 것을 보자 제자들은 몹시 당황하였다. 그러나 자로는 여전히 주먹을 풀지 않은 채 불만이었다.

"저들이 그대의 제자들인가?"

뒤로 물러서는 공자의 제자들을 바라보면서 포정은 말하였다.

"나는 백정이라 소 잡는 일을 할 뿐, 도는 알지 못하오. 그러나 십구 년 동안 소를 수천 마리 잡았으나 칼이 항상 숫돌에서 방금 떼어낸 것처럼 날이 서 있는 것은 까닭이 있소. 뼈와 뼈 사이는 틈이 있고 내 칼날은 두께가 없는 때문이오. 빈 틈 사이로 허공을 가르고 지나가는데 칼날이 상할 까닭이 있겠소? 문혜군이 양생법을 터득했는지는 알 수 없으나 나와는 상관없는 일이오."

포정의 말을 듣고 있던 자로가 무엇에 심술이 꼬였는지 벌떡 일어나며 소리를 질렀다.

"푸줏간의 백정놈과 더 함께 앉아 있을 수가 없소."

그리고는 휭하니 주막을 나가버렸다. 공자가 몹시 난처한 표정을 지었다. 그때 주모가 자라탕을 들고 왔다. 그러나 공자 일행은 그것을 쳐다보지도 않고 모두 일어나 나갔다. 서시와 여희가 깔깔거리며 웃어댔다.

"자라가 솥에 들어가기 전에 무어라 하지 않던가?"

어부가 물었다.

"공구의 말을 믿고 살다가는 다 나같이 되리라고 하더군."

주모 모장의 대답이었다.

주막을 나온 공자 일행은 어디로 가야할지 잠시 망설였다.

"포정은 정말 도를 안 사람입니까?"

주막에서는 아무 말도 하지 않고 있던 안회가 물었다.

"아마 그럴 게다. 그렇지 않고서야 살아 있는 소의 뼈마디에서 허공을 말할 수 있겠느냐?"

공자가 말하였다. 제자들은 혼란스러웠다. 그런 하찮은 일에서 도를 말한다는 것이 도무지 이해가 되지 않았다.

"혼란스러울 것 없다. 허공을 가르는 일을 어떻게 천하를 구하는 일에 비기겠느냐?"

해가 넘어가고 있었다. 그들은 시장을 벗어나 산모퉁이를 돌아서고 있었다.

是
非

흐르는 물을 따라 동쪽으로 가다가 북해에 이르렀다. 바라보니 물은 한없이 펼쳐져 그 끝이 보이지 않았다. 이에 하백은 놀라 얼굴을 들어 북해약을 우러러 보면서 탄식하였다.

順流而東行, 至於北海, 東面而視不見其端, 於是焉, 河伯始旋其面目, 望洋向若而歎.─「秋水」

시골장터의 약藥장수

맹자는 약장수였다. 여러 가지 약을 팔고 있었다.
사랑하고 불쌍히 여기는 마음이 생기는 약,
부끄러워하는 마음이 생기는 약, 사양하는 마음이 생기는 약,
지혜가 밝아져 시비를 따질 줄 알게 하는 약……

옛날, 아주 옛날 중국 어느 시골의 장날이다.

장마당에는 꾸역꾸역 몰려든 장사꾼들의 벅적벅적 와자지
껄 물건 파는 소리가 요란했다. 물론 공자孔子도 와 있고 노자
老子도 와 있고 맹자孟子도 장자莊子도 와 있었다. 저만큼 시장
어귀 한 구석에는 농기구 몇 개를 펼쳐 놓고 초라하게 앉아 솥
땜질을 하고 있는 묵자墨子도 보이고, 각종 법률 서적을 팔고
있는 한비자韓非子도 보이고, 점상占床을 차려 놓고 앉아 있는
추연鄒衍이 보이는가 하면, 달걀을 닭이라고 속여 팔았다고 시
비가 붙고 흰 말白馬을 끌고 나와 이 말이 왜 말이 아니냐고 따
지는 사람 앞에서 진땀을 빼고 있는 혜시惠施와 공손룡公孫龍

도 보였다. 재미있는 이야기를 들려 주고 돈을 버는 사람도 있고 농촌 지도원인 허행許行이 나와 설치는가 하면, 온갖 잡동사니란 잡동사니는 다 모아 놓고 싸구려판을 벌이고 있는 무명無名의 상인도 있었다.

그 중에서 장마당 한복판에 전을 가장 크게 벌여 놓고 앉아 있는 상인은 맹자였다. 말 수단도 좋으려니와 목소리도 온 장마당을 들었다 놓을 만큼 쩌렁쩌렁하였다. 그 앞에는 장꾼들이 구름같이 모여들었는데, 그 때문에 어떤 상인은 저 약장수 때문에 잡쳤다며 일찌감치 보따리를 챙겨 싸고 있었다.

맹자는 약장수였다. 여러 가지 약을 팔고 있었다. 사랑하고 불쌍히 여기는 마음이 생기는 약, 부끄러워하는 마음이 생기는 약, 사양하는 마음이 생기는 약, 지혜가 밝아져 시비를 따질 줄 알게 하는 약 그리고 가장 열을 올려 많은 선전을 하고 있는 약은 호탕한 마음을 기르려 하는 약이었다. 이 약들이야말로 약 중의 약으로 만병통치제라고 그는 선전하고 있었다. 사람들은 쪼그리고 앉아 시간 가는 줄도 모르고 듣고 있었다.

그러나 정작 약을 사 가는 사람은 그리 많지 않았다. 다들 재미있는 약장수의 이야기를 들으며 구경을 즐기려 할 뿐이요, 약을 사 가는 사람은 눈에 띄지 않았다.

오히려 그들은, 흩어져 돌아갈 적에 묵자에게 들러 호미나 괭이 따위를 사 들고 가거나 추연에게 들러 팔자소관이나 점쳐 보고 갈 뿐이었다. 그들에게 보약 따위는 애당초 안중에도 없었다. 돈 많은 지주地主들도, 위魏나라 혜왕惠王이나 제齊나라

선왕宣王 같은 정치꾼들도 맹자가 약 파는 모습을 빙그레 웃으며 구경만 할 뿐 돌아갈 적에는 한비자에게 들러 사람 부리거나 족쇄를 채워 하인 족치는 법과 기술이 담긴 책만을 듬뿍듬뿍 사 들고 갔다.

공자는 맹자 옆에서 적이 언짢은 표정을 짓고 있었다. 서는 장마다 부지런히 쫓아다녀봐야 그날이 그날이었다. 안 팔리는 약을 무겁게 지고 다니기에는 이제 지칠 대로 지쳐 있었다. 집 안 사람들끼리, 아는 사람들끼리 서로 나누어 먹고 말아야겠다는 생각마저 들기도 하였다.

노자는 장날마다 제일 먼저 와 제일 좋은 자리에 터잡고 앉아 있었지만 도무지 무엇을 팔고 있는지 알 수 없었다. 장자 역시 노자와 동업을 하는 모양이었지만 무엇을 팔고 있는지 알 수 없기는 매한가지였다. 노자는 언제나 마찬가지로 흰 보자기 하나를 펴놓고 앉아 있었는데, 아무리 보아도 보자기에는 아무것도 없었다.

그러나 장마당 안에서는 노자가 무蕪를 팔고 있는 사람이라고 알려져 있었다. 사시사철, 일년 내내 무만 팔고 있는 사람이라고 했다. 건너편 대포집 주모酒母인 모장毛嬙이라는 여인네가 찾아와 무 하나를 팔라고 소리를 질러댔다. 졸고 있던 노자가 눈을 떠 쳐다보자 여인은 그저 맞받아 한번 웃어 보이고 흰 보자기 하나만 덩그러니 펼쳐져 있는 것을 보고 그냥 발걸음을 돌렸다. 모장은 가슴앓이 서시西施와 함께 노자의 단골

손님이었다. 이 두 여인은 술주정뱅이들과 한바탕 싸우고 울고불고 한 다음에는 꼭 노자에게 무를 사러 오곤 했다.

이따금 부부 싸움을 한 사람도 왔고, 실연한 총각도 왔으며, 울음으로 지샌다는 청상 과부도 찾아왔다. 그러나 노자는 언제나 그 얼굴들을 한번 쳐다볼 뿐 아무것도 파는 물건이 없었다. 그러나 그는 무를 파는 노인으로 알려져 있었다. 그렇지만 아무도 그를 미친 사람이라고는 생각하지 않았다. 아예 관심을 가지지 않았다.

오직 한 사람만이 그를 궁금히 여기고 있었다. 공자였다. 공자는 장사를 마감하고 맹자와 함께 약꾸러미를 등에 짊어진 채 노자를 찾아갔다. 가까이 가서 보니 보자기에는 정말 무 한개가 놓여 있었다. '无' 자字 하나가 보자기 위에 크게 그려져 있었던 것이다.

팔 무는 얼마든지 있네!
팔 무는 얼마든지 있네!
그러나 노魯나라 공구孔丘는 그것을 사지 못하네,
이 무를 먹을 줄도 모르네!

공자는 말이 없고, 맹자만이 장자를 향해 고래고래 욕설을 퍼부어 대고 있었다.

시골 장날은 늘 그런 식으로 파하곤 했다.

蕉

세상에는 道를 닦는 사람이 많다. 그들은 모두 자기가 닦는
도가 제일이라고 내세운다. 그러나 도라는 것은 과연 어디
에 있는 것인가? 道는 어디에나 없는 곳이 없다고 말한다.
그렇다면 신묘함이란 어디서 오는 것이고 깨달음이란 어디
서 생기는 것인가?

天下之治方術者多矣, 皆以其有, 爲不可加矣. 古之謂道術者,
果惡乎在, 曰無乎不在, 曰神何由降, 明何由出. —「天下」

장자는 불쑥 들어와 무無 한 개를 던지고

그때 갑자기 장자莊子가 불쑥 주막 안으로 들어서면서
노자의 심부름이라며 무 한 개를 서시의 방에다 던져 주고
나가 버리는 것이었다. 혜시와 공손룡은 그만 어처구니가 없어
천장만 멀뚱멀뚱 쳐다보고 있을 뿐이었다.

이번 장날은 섣달 그믐 대목장이라 유난히 장꾼이
많았다. 맹자는 신바람이 났고 공자도 혹시나 하는 생각에 모
처럼 마음이 부풀어 있었다. 전날 같으면 벌써 약짐을 꾸리고
자리를 떴을 터이지만 오늘은 파장이 되어 장꾼들이 거의 흩어
지고 해가 이미 서산으로 넘어가고 있는데도 끝까지 그대로 남
아 앉아 뒤늦게 세찬歲饌을 사 가지고 돌아가는 부인네들에게
까지 약의 효험과 내력을 설명하느라고 바빴다. 맹자가 이토
록 약장사에 열을 올리고 있는 것은 오늘의 이 대목장을 지내
보고 나서는 과연 이 장사를 더 계속할 것인가 아닌가를 요량
할 작정이었기 때문이다.

맹자는 온 장바닥을 들었다 놓을 만큼 말주변이 좋은 약장수였고, 공자는 스스로 천하에 제일 가는 명의名醫라고 확신하고 있었다. 그런데 공자의 눈에는, 만나는 사람마다 유심히 보건대, 병들지 않은 사람이 거의 없었다. 모두 겉은 멀쩡하였지만 병이 골수에까지 번져가고 있었다. 어떤 약이라야 저 병을 치유해 줄 수 있는지를 공자는 잘 알고 있었다. 그러나 안타까운 것은 사람들이 자기가 환자라는 것과 약을 먹어야 한다는 것을 모르고 있다는 사실이었다. 그러므로 자기의 증세를 물어 보거나 병을 고쳐달라고 호소하는 사람이 없었다. 그렇다고 당신은 환자이며 병이 골수에까지 번져 들어가고 있으니 내 처방을 믿고 침을 맞고 약을 달여 먹으라고 일일이 좇아다니며 일러줄 수도 없는 노릇이었다. 자칫하다가는 멀쩡한 사람에게 약을 팔아먹으려 한다고 봉변을 당할 수도 있는 일이었다. 실제로 몇 사람을 찾아가 이야기하고 깨우쳐 보려고 하였으나 환자는 자기가 아니고 오히려 당신이 아니냐고 되물어온 일도 있었다. 공자로서는 참으로 안타까운 일이 아닐 수 없었다.

그러나 의사인 공자로서는 죽어 가는 사람을 보고 언제까지나 가만히 앉아 있을 수만은 없었다. 더구나 그는 인정도 많고 눈물도 많아 불쌍한 광경을 보면 동정심을 쏟지 않고는 못 배기는 성미였다. 견디다 못해 그는 우선 몇 가지 처방을 내리고 맹자를 시켜 사람들이 쉽게 먹을 수 있도록 환단丸丹을 짓게 하였다. 무엇보다 돌덩이같이 맺힌 마음속 응어리를 풀어 화창和暢하게 해줄 수 있는 인단仁丹을 만들게 하였고, 시是와 비

非를 분명히 하여 어리석음에서 깨어나 분별력分辨力을 길러 주는 지단智丹을 만들게 하였고, 나아가고 물러나는 도리를 알게 하는 예단禮丹과 불의不義를 향해 분연히 일어날 수 있는 원기元氣를 소생케 하는 의단義丹을 만들게 하였다. 이것이 이른바 유명한 네 가지 명약인 4단환四端丸이다. 그밖에도 또 한 가지 신경을 써서 특별히 만들게 한 명약이 있으니 그것은 마음을 넓고 크게 하여 낙뢰落雷 앞에서도 흔들림이 없는 담력과 기력을 기르게 하는 호연지환浩然之丸이라는 약이었다. 이 약은 모든 병을 미연에 방지할 수 있는 예방약으로서 일종의 보약이었다. 이 4단환과 호연지환을 짊어지고 사람이 많이 모이는 장날마다 찾아다니며 먹일 생각을 하였다. 공자와 맹자의 약장사는 원래 이렇게 하여 시작되었던 것이다.

말주변 좋은 맹자는 가는 곳마다 사람이 구름떼처럼 모여들게 하였고, 공자는 마음속으로 쾌재를 불렀다. 돈도 좀 벌 수 있으리라는 엉뚱한 생각까지 들기도 하였다. 그러나 얼마 가지 않아 그러한 기대는 무너졌고 점차 실의에 빠지고 말았다. 사람들은 마냥 재미있다는 듯 구경만 하고 앉아 있었을 뿐, 정작 자리를 뜰 때는 아무도 약을 사 가지 않았다. 다음 장날도 그 다음 장날도 마찬가지였다. 그렇다고 일껏 시작한 일을 하루아침에 걷어치울 수는 없는 일이었다.

종일토록 팔리지도 않는 약꾸러미를 해질녘에 다시 거둘 때의 절망이란 여간 큰 것이 아니었다. 세상을 근심하는 공자의 우환憂患은 더욱 깊어갔고 맹자의 목소리는 쉰 소리가 나다 못해 목이 잠길 지경까지 이르렀다. 다음 장터를 향해 떠나는 발걸음은 무겁기만 하였고, 해는 저무는데 배는 고프고 갈 길은 멀어 마음만 급하곤 하였다.

오늘은 섣달 그믐의 대목 장날이건만 여느날과 마찬가지였다.

"선생님, 혹시 약 처방이 잘못된 것은 아닐는지요?"

공자는 아무 말이 없었다. 맹자는 더 물어볼 기력도 없는 듯 축 처진 몸으로 장짐을 챙기기 시작하였다.

그들은 해가 완전히 넘어가고 날이 저물어서야 모장毛嬙의 주막에 이르렀다. 마주 건너다 보이는 방안에 두 여인네가 있었는데, 서시西施는 가슴앓이 증세가 도져 방바닥에서 데굴데굴 구르고 있었고 여희麗姬는 탐스러운 두 가슴을 드러내 놓은 채 거울을 마주하고 앉아 열심히 눈 화장을 하고 있었다. 공자는 그대로 그 광경을 바라보고 있었으나 맹자는 애써 눈길을 피하고 돌아앉았다.

미리 와 그 광경을 보고 있던 혜시惠施와 공손룡公孫龍이 아까부터 의견이 엇갈려 티격태격 말싸움을 하다가 주모酒母인 모장을 불러 말참견을 하게 하였다. 그러나 주모의 말은 너무도 맹랑했기 때문에 두 사람 모두 멍하니 입을 벌린 채 말문이 막히고 말았다. 이번 장날에는 노자老子가 무蕪를 팔러오지 않았기 때문에 다른 어떤 약으로도 서시의 병은 고칠 수 없다는 게 모장의 단호한 주장이었다.

그러나 혜시와 공손룡은 아무런 맛도 냄새도 없는 노자의 무를 먹는 것보다는 공자의 4단환이나 호연지환이라는 달콤한 약이 더 효험이 있으리라는 생각에는 일치하고 있었기 때문에, 공자를 서시의 방으로 데리고 갈 것인가 서시를 공자의 방으로 데리고 갈 것인가의 엇갈린 주장을 멈추고, 아무튼 공자로 하여금 서시의 병을 고쳐주도록 성의를 다해 함께 부탁해보기로 하였다.

그런데 그때 갑자기 장자莊子가 불쑥 주막 안으로 들어서면서 노자의 심부름이라며 무 한개를 서시의 방에다 던져 주고 나가 버리는 것이었다. 혜시와 공손룡은 그만 어처구니가 없어 천장만 멀뚱멀뚱 쳐다보고 있을 뿐이었다. 공자는 맞은편 방에서 눈길을 떼었고, 돌아앉아 있던 맹자는 아무에게나 헤프게 함부로 쓸 약이 아니라는 듯 자신의 약꾸러미를 더욱 소중히 움켜잡았다.

서시는 금방 아무렇지도 않은 듯 일어나 깔깔거리며 여희 옆으로 다가가 거울에다 몸을 한번 힐끔 비춰 보고·나서 주방 쪽으로 고개를 내밀고는, 주모더러 건넌방에 있는 저 사람들도 돈푼이나 있는 양반들이냐고 물었다. 그러고는 별 볼일 없다는 듯이 여희를 불러내 휑하니 밖으로 나가버리는 것이었다.

공자가 주모에게로 다가와 말하였다.

"노담이 파는 무를 사먹는 사람은 어떤 사람들이오?"

"당신같은 사람은 먹어도 효험이 없을 것이오."

고기를 썰고 있는 주모는 돌아보지도 않고 말하였다.

仁義禮智

동정하는 마음은 사랑의 싹이요, 부끄러운 마음은 옳음의
싹이요, 사양하는 마음은 예절의 싹이요, 옳고 그름을 가지
는 마음은 앎의 싹이다.

惻隱之心, 仁之端也, 羞惡之心, 義之端也, 辭讓之心, 禮之端
也, 是非之心, 知之端也. ─「公孫丑」

108

어리석도다, 공구여
孔丘

산에 올라 물고기를 구하면서도
부질없는 짓인 줄을 알지 못하도다.

어느 날 공자는 숲속을 거닐고 있었다. 그의 얼굴은
근엄하기 이를 데 없었으나 우환의 그림자가 있었다. 그는 초
나라에서 돌아온 이후로 천하를 근심하는 일이 더욱 깊어가고
있었다. 뒤에는 제자 두 사람이 따르고 있었다. 자로子路와 자
공子貢이었다. 그들은 스승의 그림자를 피하느라고 왼쪽으로
저만큼 떨어져서 걸어가고 있었다. 스승을 흠모하는 모습이 그
행동에 역력히 나타나 있었다. 공자가 은행나무 밑으로 가 앉
자 그들은 조금 떨어진 곳으로 가 앉았다. 그늘이 시원하였다.
  앞에는 막고야산으로부터 내려오는 강물이 도도히 흐르고
배 한 척이 한가롭게 낚시를 드리우고 있었다. 제자들은 나무

그늘 아래서 글을 읽고 공자는 강물을 굽어보며 거문고를 뜯기 시작했다.

"흐르는 물은 저와 같거니 봄이 오면 겨울은 가도다. 하늘에는 소리개가 날고 물에서는 고기가 놀도다."

거문고 소리는 난폭해지고 우환의 그림자는 깊어만 갔다. 제자들은 스승의 얼굴을 한번 쳐다볼 뿐 말이 없었다.

"누구를 탓할 수 있으리 하늘을 원망하지 않으리니, 사람을 허물하지도 않으련다."

공자는 거문고 줄을 한번 크게 뜯고는 하늘을 쳐다봤다. 그러나 천하를 근심하는 마음을 속에서 떨쳐버릴 수는 없었다. 은행나무 밑둥을 두 손으로 어루만지면서 크게 한숨을 지었다.

그는 많은 나라를 돌아다녔다. 그리고 사람이 많이 모이는 곳이면 어디든지 찾아갔다. 열변을 토했다. 인간은 금수와 다르다는 점을 강조했다. 사랑仁을 말하고 정의義를 말하고 질서禮가 있고 옳음是과 그름非을 분명히 해야 함智을 설명했다. 그러나 천하는 귀를 기울이지 않았고 어느 임금도 그를 따뜻하게 맞아 주지 않았다. 무려 일흔 두 명의 임금을 찾아다니며 육경六經의 뜻을 가지고 깨우치려 했으나 한 사람도 깨우치지 못했다. 공자의 근심은 여기에 있었다.

"하늘은 나를 알 것이로다. 하늘은 나를 알 것이로다."

그러나 역시 그는 마음이 동요되고 있었다. 며칠 전 초나라로 가는 길에 만난 시남의료市南宜僚를 생각했다.

110

날이 저물어 의구蟻丘라는 마을의 어느 주막에 들어갔을 때
의 일이었다. 웬 사람들이 지붕 위에 올라앉아, 행장을 풀고 있
는 공자 일행을 담 너머로 내려다보면서 히히덕거리고 있었
다. 한 사람은 산발한 백발 노인이었고 그 옆에 더벅머리에 주
먹코를 달고 있는 젊은이는 노인의 아들인 것 같았다. 그리고
검은 머리를 곱게 얹은 여인이 있었다. 여인은 빙설氷雪같이
흰 얼굴에 술병 하나를 받쳐들고 있었는데 부인인지 며느리인
지를 알 수가 없었다.

"저 사람이 노나라 공구孔丘라더군!"

손가락으로 공자를 가리키며 노인이 말을 했다.

"참으로 이를 데 없이 딱한 사람들이군요."

여인은 이상한 눈짓을 노인에게 보내면서 말을 했다. 옆에서
는 젊은이가 주먹코를 벌름거리면서 킬킬거렸다.

자로는 그들을 보자 왕방울 같은 눈을 굴리며 크게 화가 나
있었다. 스승에게 무례하게 구는 놈들을 그냥 둘 수 없다는 것
이었다. 그는 성미가 급하고 욱하는 성질이 있었다. 힘이 세기
때문에 모든 것을 우격다짐으로 해치우고 나서야 직성이 풀렸
다. 공자는 그것을 늘 못마땅하게 여기고 사람을 사랑하는 마
음愛人을 가지라고 타이르곤 하였으나 천성을 어찌할 수가 없
었다.

지붕 위에서 버릇없이 노닥거리던 무리들이 심상치 않은 자
로의 모습을 보자 슬그머니 없어져 버렸다.

"결코 범상한 사람들이 아니로다."

공자는 자로를 나무라듯 말을 했다.

"저들은 무엇 하는 사람들입니까?"

지금까지 잠자코 보고만 있던 자공이 물었다.

"초나라의 성인聖人일 것이니라!"

저녁을 먹고 자공을 보냈더니 얼마 안 있어 그냥 돌아오고 말았다. 그들은 어느새 세간을 모두 챙겨 가지고 어디론지 가 버리고 빈집에 "어리석도다. 공구孔丘여!"라는 쪽지 하나만 덩그러니 붙어 있더라는 것이었다.

"아뿔싸! 그 분이 시남의료市南宜僚라는 사람이었구나!"

공자는 얼굴에 추연한 빛을 감출 수가 없었다.

"그분은 어떤 사람입니까?"

자로는 말이 없고 이번에도 자공이 물었다.

"그들은 몸을 천한 사람들 속에 묻혀 사는 사람들이니라. 백성들 속에 묻혀서는 함께 농부가 되고 하인下人들 속에 묻혀서는 함께 하인이 되어 사는 사람들이지. 세상에서는 저들의 이름을 잊어버린 지가 오래 되었지만 그 뜻은 늘 무궁하여 어디든지 있지 않은 데가 없느니라. 말을 아무렇게나 지껄이면서도 마음은 막힘이 없고 생활이 곤궁한 것 같으나 몸은 늘 무경無境의 세계에서 노니는 사람들이다. 늘 이웃 사람들과 함께 하고 굳이 세상을 피해 숨어 살지 않으면서도 자신의 생활을 드러나지 않게 하는 사람을 '육침인陸沈人'이라고 하는데 바로 저들이 그 육침하는 시남의료라는 사람이니라."

"아직 멀리 가지는 못했을 것이니 그들을 불러 찾아오겠습니다."

자로가 불쑥 일어나면서 말을 했다.

"소용없는 일이니라. 저들은 벌써 우리들이 자기를 알아본 것을 눈치챈 것이다. 내가 초나라로 가는 길인 것도 알고 초왕에게 이야기하여 자기들을 부르도록 천거할 것이라는 것도 미리 알고 몸을 숨긴 것이다. 아무리 빠른 걸음으로 쫓아간다 해도 찾을 수 없을 것이니라."

과연 자로는 헛걸음만 치고 돌아왔다. 그때 주막집 주인이 나오면서 말을 했다.

"그 미친 사람들을 찾아서 무얼 한답니까? 사람들이야 충직합지요. 밭도 갈고 땔감이 떨어지면 나무도 해다 주고. 그 아낙은 빨래는 물론 부엌의 허드렛일도 마다하지 않았지요. 그래서 한번은 일값으로 돈을 주었더니 한참 들여다보다 지나가는 사람들에게 가랑잎 던져주듯 나누어주고 말더군요. 돈이 뭔지도 모르는 바보 같은 사람이었답니다. 저렇게 훌쩍 한번 떠나면 한 달도 좋고, 일년도 좋고, 언제 돌아올는지 아무도 모르지요."

그리고 주인은 여관 값을 미리 치르면 아침 밥상을 잘 차려주겠노라고 수다를 떨다 갔다. 시남의료가 떠나간 빈 집에서 자공이 들고 온 쪽지에는 또 다음의 말이 적혀 있었다.

"노나라 공구는 고달프도다! 산에 올라 물고기를 구하면서도 부질없는 짓인 줄을 알지 못하도다."

공자는 마음이 동요하고 있었던 것이다. 초나라 왕을 만났을 때의 일을 생각했다. 그것은 확실히 시남의료의 말대로 부질 없는 짓이었던 것이다. 세상에는 되는 일과 되지 않는 일이 있 음을 그는 가르치고 있었다.

―――

저들은 성인으로서 하인처럼 살아가는 사람들이다. 백성들
속에 묻혀 농사일을 하면서 자신을 숨기고 아무도 그를 알
아보지 못하고 있으나 그 마음은 무궁에 가 있는 사람이다.
이러한 사람을 육침인이라 하나니 아마도 그는 시남의 료일
것이다.

―――――――――――――――――――――――――――――――――

是聖人僕也, 是自埋於民, 自藏於畔, 其聲銷, 其志無窮, …
是陸沈人者也, 是其市南宜僚邪. ―「則陽」

나는 옷이 남루하지만
당신은 마음이 남루하니

나는 옷이 남루하지만 선생은 마음이 남루하니 어찌된 일이오?
선생의 근심은 한 가지도 해결된 것이 없고 정신은 천 갈래 만 갈래로 흩어져
내 옷보다도 더 낡은 걸레 조각이 되어 가고 있으니, 천시를 머리에 얹고
지리를 발바닥에 깔고 사단을 도포자락에 매어 달고 다닌들
무슨 소용이 있단 말이오?

망莽莽하기만 한 푸른 들판이다. 멀리 막고야산이
보인다. 몇백 아름인지도 모를 큰 나무 한 그루가 하늘 높이 구
름처럼 드리워 그늘을 만들어 주고 있다. 붕鵬새도 깃을 감출
만큼 큰 가죽나무樗다. 옆으로 실개천이 흐르고 주위는 온갖
기화요초奇花妖草가 보료처럼 깔려 있다. 새가 울고 봉황이 날
아와 앉는다.
　　가죽나무 그늘 아래 불쑥 삐져나온 나무 뿌리 하나를 베고
노자老子가 배꼽을 다 드러내 놓은 채 낮잠을 즐기고 있었다.
개울에서는 허유許由가 귀를 씻고 있었고, 옆에서는 먼 길을

116

걸어와 지친 모습의 공자孔子가 제자들을 몇 명 데리고 앉아 있었다. 수심이 가득한 얼굴이었다. 조금 전까지만 해도 공자는 천하의 근심을 혼자 도맡아 가지고, 곧 해결이나 할 수 있을 것처럼 분주히 돌아다녔던 것이다.

막고야산 언덕 아래에서 밭을 갈고 있던 묵자墨子가 쟁기를 메고 돌아오다가 공자를 만났다.

"선생은 노魯나라의 공구孔丘가 아니시오? 이곳에는 무엇하러 오셨소?"

공자는 반가운 듯이 다가와 묵자의 손을 움켜잡으면서 자기는 노자를 만나러 왔는데 저처럼 나무 그늘 아래 누워 도무지 잠에서 깨어날 궁리를 하지 않고 있으니 걱정이라고 했다. 그리고 누덕누덕 걸레 조각이 다 되어 가는 옷을 입고 있는 묵자의 모습을 보고는 몹시 안쓰러운 표정을 지었다.

"당신의 옷은 너무 남루하지 않소? 자신을 학대하는 일은 예禮가 아닐 것이오."

공자는 자신이 머리에 쓰고 있는 둥근 유관儒冠과 발에 꿰어 찬 네모난 구리句履와 유복儒服에 매어 늘어뜨린 패결佩缺을 보이면서, 천시天時를 알고 지리地理를 나타내며 사단事斷을 표시하는 것이야말로 군자君子가 입어야 할 옷이라고 하였다.

"나는 옷이 남루하지만 선생은 마음이 남루하니 어찌된 일이오? 선생의 근심은 한 가지도 해결된 것이 없고 정신은 천 갈래 만 갈래로 흩어져 내 옷보다도 더 낡은 걸레 조각이 되어

가고 있으니, 천시를 머리에 얹고 지리를 발바닥에 깔고 사단을 도포자락에 매어 달고 다닌들 무슨 소용이 있단 말이오? 아침에 도道를 들으면 저녁에 죽어도 좋다는 말은 정말 선생이 한 말이오?"

"그저 인간의 소임을 다하다가 죽을 따름이라는 말이었을 뿐이오."

공자는 인간의 소임이라는 말에 힘을 주면서 한낱 쟁기나 지고 다니며 밭을 가는 것만으로 어찌 군자의 도리를 다한다 할 수 있겠느냐는 것이었다.

"그렇지 않소. 선생은 근심을 할 뿐, 소임은 한 가지도 하고 있는 것이 아니오. 노자가 잠에서 깨어난다 해도 선생을 만나지는 않을 것이오. 나는 매일같이 무거운 쟁기를 메고 이 앞을 지나면서 노자를 만나지만 선생 같은 말을 던진 일이 한번도 없었소. 노자는 내 옷을 보지 않고 내 마음을 본 때문일 것이오. 쟁기를 메고 밭을 가는 것은 내 일을 내가 하는 것일 뿐, 내 자식을 위해서도 내 집안을 위해서도 아니라오. 천하를 근심하는 일이 선생의 일이라면 근심하는 것으로 그치시오. 그 밖의 소임은 선생이 할 일이 아니오. 선생은 선생이 할 일이 무엇인지를 몰라서 이곳으로 찾아온 것이오. 제자들에게나 돌아가시는 게 좋겠구려."

묵자는 더 할 말이 없다는 듯 쟁기를 지고 일어났다.

허유는 귀 씻는 일을 끝내고 막고야산을 향해 이미 저만큼 걸어가고 있었고, 소부巢父가 안장 없는 소를 타고 흥얼거리며 그 뒤를 따라가고 있는 모습이 보였다. 조금 전에 요堯라는 사람이 허유를 찾아와서 임금자리를 맡아 달라고 조르다 간 일이 있었다.

노자가 잠에서 부스스 깨어났다.

"저 사람은 노나라 공구로군. 거추장스러워라! 거추장스러워라!"

노자는 자리를 뜰 것처럼 거적을 들고 일어났다. 그것을 보자 공자는 황급히 달려와 노자를 붙들었다.

"선생님은 알고 있을 것입니다. 허유는 쓸모 있는 사람입니까?"

"나는 몰라. 저기 도척盜跖에게나 가서 물어보게. 그는 알고 있는지도 모르지."

노자가 가리키는 곳을 보니 숲속에 큰 반석盤石 하나가 있고 그 위에 도척이 두 다리를 떡 벌리고 앉아 칼로 사람의 간肝을 꺼내 회膾를 쳐 먹고 있었다. 옆에는 물건이 가득한 자루가 청靑 · 황黃 · 흑黑 · 백白색의 것으로 네 개나 놓여 있었다. 한개는 동방東方 부자 인仁씨네 집에서 사랑을 훔쳐온 것이요, 한개는 서방西方 부자 의義씨네 집에서 의리를 훔쳐온 것이었다. 그리고 붉은 색 자루 속에는 남방南方 부자 예禮씨네 집에서 훔쳐온 수치심이 들어 있고, 북방北方 부자 지智씨네 집에서 훔쳐온 간교함이 나머지 검은색 자루에 들어 있었다.

도척은 공자가 다가오는 것을 보고는 상대도 하지 않으려는 듯 돌아앉았다. 공자가 유하계柳下季의 친구라는 것을 그는 잘 알고 있었다. 유하계는 도척의 형님이었던 것이다.

陋心

요임금이 허유를 찾아가 천하를 물려주려고
다음과 같이 말하였다.
"해와 달이 떴는데 햇불을 켜 들었으니
무엇을 밝힐 수 있으며 비가 와서 만물을 적시고 있는데
물을 주고 있으니 헛된 일이 아니겠습니까?"

堯讓天下於許由曰, 日月出矣, 而爝火不息, 其於光也, 不亦
難乎, 時雨降矣, 而猶浸灌, 其於澤也, 不亦勞乎. ―「逍遙遊」

책갈피를 들추고 나온 장님들

셋

물 속에서 어미를 찾는 아이
하늘이 정한 것과 사람이 정한 것
그저 자연스럽게 그렇게 되는 게지
사람은 멍청이
그들은 모두 도깨비내기들
책갈피를 들추고 나온 장님들
열어구는 그렇게 생각한 모양이더군

물 속에서 어미를 찾는 아이

"정말 엉뚱한 아이로군, 잃어버린 어미를 찾는다는 것도
그렇고 행복을 잡아 망태에 넣는다는 말도 그렇지 않은가?"
"아무래도 저 동자는 사람아이가 아닌 것 같군.
계함도 분명 사람은 아니야."

맹랑선생이 무하공과 함께 길을 가다가 긴 장대를
들고 연못 바닥을 뒤지고 있는 동자 하나를 만났다.

"아이야 무엇을 하고 있느냐?"

하고 맹랑선생이 물었다.

"엄마를 찾고 있어."

동자가 말하였다.

"엄마가 없느냐?"

"잃어버렸어."

맹랑선생은 더 묻지 않았다. 동자는 죽은 어미를 물 속에서
찾고 있었던 것이다. 동자는 장대를 버리고 어디론가 금방 떠

124

나버렸다.

무하공이 말하였다.

"물 속에서 죽은 어미를 찾고 있다니 엉뚱한 아이로군."

"사람들도 잃어버린 것을 다 그렇게 찾고 있는지도 모르겠군"

하고 맹랑선생이 말하였다.

두 사람은 다시 길을 가다가 이번에는 굿당에서 푸닥거리를 하고 있는 광경을 만났다. 굿을 하고 있는 무당은 계함季咸이었다.

"그대는 신을 만났는가?"

맹랑선생이 물었다.

"방금 이곳을 떠나고 지금은 없네."

계함이 말하였다.

"신과 무슨 이야기를 주고받았는가?"

"사람들은 없는 것을 찾아다니고 있는지라 도와줄 수가 없다고 하더군."

그때 옆에 있던 무하공이 말하였다.

"물 속에서 어미를 찾고 있는 아이를 본 모양이군."

그러나 계함은 이렇게 물었다.

"그대들은 무엇을 찾아다니고 있는가?"

"현빈玄牝이라는 계곡을 찾아가는 길이네. 그곳에 가면 현주玄珠를 만날 수 있다고 들었네."

그러나 계함이 말하였다.

"신이 떠나면서 어린아이만도 못한 사람이 지나갈 것이라고 하더니 바로 자네들을 두고 한 말이군."

"그러고는 또 뭐라고 하던가."

"그 계곡에는 모장이라는 주모가 열고 있는 주막이 있으나 그곳을 찾지 못할 것이라고 했네."

"왜 찾지 못할 것이라고 하던가?"

이번에는 무하공이 물었다.

"그런 말은 하지 않았네. 그러나 신이 못 찾는다고 하면 찾을 수 없는 것이네."

"당신은 신에게 무슨 말을 했는가?"

맹랑선생이 물었다.

"사람들이 없는 것을 잡으려고 쫓아다니는 것을 그만두게 할 수는 없는가, 물었지."

"그러니까 무엇이라고 하던가?"

"천형天刑인 것을 자기가 어찌 하겠는가 하더군."

"그러면 신이 하는 일은 무엇이라고 하던가?"

"봄이 오면 꽃을 피우고 여름이 되면 열매를 맺게 하는 것이 자기가 하는 일이라 하더군. 계곡물이 차면 가재가 오르고 물안개가 피면 철을 바꾸는 것도 자기가 하는 일이고 해와 달을 번갈아 뜨게 하는 것도 자기가 하는 일이라 하더군."

계함은 이렇게 말하고는 물건을 챙겨 서둘러 굿당을 떠나버렸다.

126

무하공이 맹랑선생을 보고 말하였다.

"계함은 정말 신과 대화할 수 있는 인물인가?"

"그런 사람이라고 믿네."

"그러면 계함의 말을 믿어도 되겠군."

"그러나 계함이 신의 말을 그대로 전했는지는 알 수가 없네. 조금 전에 그의 눈을 보지 못했는가. 자기 능력을 과시하려는 것이 있는 것 같았네."

"그러면 그 계곡은 찾을 수 없다고 한 것은 자기 생각을 말한 것인가?"

"그러나 자기는 찾을 수 있다고 말하는 것 같았네."

"자기를 다시 찾아오라는 얘기였군."

"서둘러 떠난 것은 아마 그 때문일 걸세."

"그러면 뒤따라 가봐야 하지 않겠는가?"

"소용없는 일이네. 벌써 어디론가 멀리 가버렸을 것이네."

주위를 살폈으나 어디에도 계함은 보이지 않았다.

두 사람이 다시 발걸음을 옮기려는데 아이 하나가 바로 코앞에서 타박타박 걸어가고 있었다.

"저 아이는 아까 물 속을 휘젓던 바로 그 동자가 아닌가?"

하고 무하공이 말하였다.

"그런 것 같군."

아이는 큰 망태 하나를 어깨에 걸쳐 메고 가고 있었다.

"아이야! 어디로 가느냐?"

맹랑선생이 물었다.

"행복을 잡으러 가는 거야."

아이는 돌아보지도 않고 대답하였다.

"망태는 무엇이냐?"

"행복을 담을 그릇이야."

아이의 발걸음은 매우 빨랐다. 얼마 가지 않아 아이의 모습은 작아지면서 빈 망태만 달싹거리는 모습이 보였다. 행복을 담기에 망태는 너무 엉성하게 엮어진 것 같다는 생각을 하였다.

"정말 엉뚱한 아이로군. 잃어버린 어미를 찾는다는 것도 그렇고 행복을 잡아 망태에 넣는다는 말도 그렇지 않은가?"

"아무래도 저 동자는 사람아이가 아닌 것 같군. 계함도 분명 사람은 아니야."

맹랑선생은 이렇게 말하였다. 그리고 오늘 일들이 아무래도 이상하다는 생각이 들었다. 동자를 두번이나 만나게 된 일이 그렇고 계함의 이야기가 또한 심상치 않다는 생각이 들었다.

황제가 동자를 만나 길을 물었다.
"너는 구자산으로 가는 길을 알고 있느냐?"
"그렇습니다."
"그러면 대외가 있는 곳을 알고 있겠구나."
"그렇습니다."
황제가 말하였다.
"거 참 신통하구나. 어린아이가 구자산을 알 뿐 아니라
대외가 있는 곳까지 알고 있다니."

黃帝遇童子, 問塗焉曰, 若知具茨之山乎, 曰然, 若知大隗之
所存乎, 曰然, 黃帝曰, 異哉, 小童非徒知具茨之山, 又知大隗
之所存. ―「徐無鬼」

하늘이 정한 것과 사람이 정한 것

"사람이 정한 것과 하늘이 정한 것을 어떻게 아는가?"
"그것은 아는 것으로 있는 것이 아니네.
그저 그리 되는 것으로 있을 뿐이라고 할 수 있지."

맹랑孟浪선생은 무하공과 함께 길을 가다가 마을 어귀에서 아이들이 놀고 있는 모습을 보았다. 한 아이는 도망을 가고, 다른 한 아이는 도망치는 아이를 쫓아가고 있었다. 도망가는 아이는 쫓아가는 아이보다 걸음이 빠르지 못하였다. 도망가는 아이는 얼마 안 가서 곧 붙잡힐 위기에 처하자 길바닥에다 길게 금을 하나 그어 놓고는 돌아서서 소리를 질렀다.

"이 금을 넘어오면 너는 악마다!"

그러자 쫓아가던 아이는 금을 그어 놓은 곳까지 와서는 더 따라가지 못하고 걸음을 멈추었다. 그리고 그도 소리를 질렀다.

"이 나쁜 놈아!"

아이들이 그것을 보고 까르르 웃었다.

얼마를 가다가 이번에는 노인 하나가 자기 집 싸리 대문 위
에다 금禁줄을 치고 있는 것을 보았다. 그 금줄에는 청솔가
지·돌맹이·고추·숯덩이가 매달려 있었다. 방금 남자 아이
를 출산한 모양이었다. 걸인 하나가 찾아오다가 그 금줄을 보
고는 말없이 발길을 돌렸다.

한참을 가다가 무하공이 맹랑선생에게 물었다.
"이상하지 않은가? 조금 전에는 쫓아가던 아이가 더 따라가
지를 못하고 걸음을 멈추었고, 지금은 걸인이 금줄을 보고는
뜰 안으로 들어서지 못하고 발길을 돌렸네."
"그것이 뭐가 이상하단 말인가?"
"그 금을 누가 정했는가?"
"하늘이 정한 것이지. 어떻게 사람이 정한 것이겠는가?"
하고 맹랑선생이 말하였다. 그도 속으로는 그 일을 생각하고
있었던 것이다. 무하공이 다시 물었다.
"그러나 땅에다 금을 그은 것은 아이였고, 싸리문 위에다 금
줄을 치고 있었던 것은 노인이었네. 사람이 정한 것이 아니겠
는가?"
맹랑선생이 말하였다.
"그렇지 않네. 사람이 정한 것이라면 왜 아이가 그어 놓은
선 하나를 넘지 못하고, 걸인이 금줄을 보고 발길을 돌렸겠는

가? 사람이 정한 것은 사람이 파할 수 있으나 하늘이 정한 것은 하늘이라야 그것을 파할 수 있네."

"그러면 나라의 법은 누가 정하는가? 사람인가? 하늘인가?"

하고 무하공이 묻자 맹랑선생은 또 이렇게 대답하였다.

"사람이 정한 것이 아니겠나? 하늘이 정한 것은 아니라고 생각하네. 그러므로 나라에는 언제나 법을 범하는 사람이 있고 죄를 짓는 사람이 있게 되지. 사람이 정한 것은 사람이 어길 수 있는 것이라네. 그러나 하늘이 정한 것은 사람이 어길 수 없는지라 하늘에 죄를 짓는 일은 없네. 사람은 하늘을 넘어설 만큼 그렇게 위대한 존재가 못되네."

"사람은 하늘에 대해서는 그렇게 무력한가?"

"그것을 무력하다고 할 수는 없지. 그것은 하늘과 사람이 그 할 수 있는 영역이 다른 때문일세. 하늘은 하늘이 하는 일을 하고 사람은 사람이 하는 일이 있을 뿐이라고 해야 하지 않겠는가?"

"그러면 아이가 땅에다 금을 긋고 노인이 싸리문에 금줄을 매단 것은 하늘이 하는 일이고 사람이 하는 일이 아니란 말인가?"

"사람이 하는 일 같지만, 사람이 하는 일이 아니라고 보네. 그렇지 않고서야 아이가 무엇이 무서워 선 하나를 넘지 못하고 걸인 따위가 무엇이 무서워 금줄 앞에서 돌아서겠는가? 그것은 그들이 그렇게 하지 않은 것이 아니라 그렇게 할 수 없었던 것이라고 보네. 사람이 정한 것은 무거운 죄로 금하여도 그것을 범하지 않는 사람이 없으나 하늘이 정한 것은 아무런 죄를 지우지 않아도 범하는 사람이 없네. 그것은 범할 수 없기 때문일세."

그러자 한참이나 있다가 무하공은 이렇게 물었다.

"사람이 정한 것과 하늘이 정한 것을 어떻게 아는가?"

맹랑선생이 말하였다.

"그것은 아는 것으로 있는 것이 아니네. 그저 그리 되는 것으로 있을 뿐이라고 할 수 있지. 앞에서도 말했지만 하늘은 하늘이 하는 일로서 있고, 사람은 사람이 하는 일로서 있다고 할 수 있네. 우리는 부부관계를 인륜人倫이라고 하고 부자관계를 천륜天倫이라고 하네. 인륜은 사람이 정한 것이라 그것을 파할 수 있으나 천륜은 하늘이 정한 것이라 사람으로서는 파할 수가 없네."

그리고 또 말하였다.

"시간은 한계가 없으나 만물이 한계를 가지고 태어나는 것은 하늘이 정하고 있는 때문일세. 그리하여 조균朝菌처럼 잠깐 살기도 하고 명령冥靈처럼 오래 살기도 하지. 시간의 한계를 그들이 정하여 그리하는 것이 아니요 하늘이 정한 때문이네. 공간은 한계가 없는 것이나 초료鷦鷯가 쑥대 높이 만큼만 날고 붕鵬새가 구만리 장천을 오르는 것은 공간의 구역을 그들이 정해서 그러한 것이 아니요 하늘이 정한 것이기 때문이네. 하늘이 정한 것은 누구도 어쩌지 못하는 것이니 조균은 잠깐 시간에 몸을 의탁하고 명령冥靈은 긴 시간에 몸을 의탁하고 초료가 구만리 장천을 날 수 없는 것은 작은 공간에 몸을 의탁하기 때문이요, 붕새가 쑥대사이를 오갈 수 없는 것은 몸을 큰 공간에 맡겨야 하기 때문이라네. 이러한 것을 천명天命이라고 하네."

"아이가 걸음을 멈추고 걸인이 발길을 돌린 것도 천명이란 말인가?"

"천명이 아니라면 그것을 어떻게 설명할 수 있겠는가? 나는 아이의 얼굴을 보았고 걸인의 표정을 보았네."

"그 표정에서 천명을 보았단 말인가?"

"천명인지는 알 수가 없었으나 의지意志 같은 것은 없었네" 하고 맹랑선생은 말하였다.

하루살이는 밤을 모르고 쓰르라미는 겨울을 알지 못한다. 이것은 잠깐 살다 가는 것이요 명령이라는 거북이는 5백년을 봄, 5백년을 가을로 사는데 이것은 오래 사는 것이다.

朝菌不知晦朔, 蟪蛄不知春秋, 此小年也. 楚之南有冥靈者, 以五百歲爲春, 五百歲爲秋, 此大年也. —「逍遙遊」

그저 자연스럽게 그렇게 되는 게지

기夔는 현蚿을 부러워하고 현은 뱀을 부러워하고
뱀은 바람을 부러워하고 바람은 눈目을 부러워하고
눈은 마음을 부러워하였다. 마음이 또한 부러워함이 없겠느냐?
그러나 이들은 부러워함 때문에 자연스러움을
그르치는 일이 없었다. 그것이 사람과 다른 점이었다.

기夔는 외발짐승이었다. 그러므로 껑충껑충 뛰면서 걸어갈 수밖에 없었고 그나마도 뜻대로 되지 않을 때가 많았다.

하루는 그가 길에서 수없이 많은 다리를 가지고 있는 현蚿을 만났다. 현은 움직일 때마다 온 몸에서 노린내를 풍기고 다니고 있었으므로 노래기라고도 부르는 작은 짐승이었다.

"참으로 신기하고도 놀랍구나! 나는 다리 하나를 가지고도 뜻대로 되지 않을 때가 있는데 너는 헤아릴 수 없는 그 많은 다리를 가지고 걸어가다니. 어떻게 앞발 뒷발을 알아서 실수없이 움직이고 있단 말인가. 순서를 정해 발을 옮긴다해도 너무 많아 헷갈릴 수 있을 것이 아닌가?"

기가 이렇게 말하자 현은 발을 계속 꼼지락거리면서 대답하였다.

"그렇지 않아. 그저 자연스럽게 움직이는 것이지. 나는 내 발이 몇 개인지도 알지 못하고, 앞발을 먼저 움직이고 뒷발을 움직여야 한다는 생각도 없이 걸어가고 있는 거야. 그러니까 순서를 정할 필요가 없지. 그러나 그 많은 발이 앞서거니 뒤서거니 헷갈리는 일이 없고 서로 걸려 넘어지는 일도 없다네. 가려고 하면 저절로 발이 움직여 그저 몸을 맡기고만 있으면 되거든. 나는 그렇게 자연스럽게 걸어다니고 있는 거야."

기는 더 말을 못하고 부러운 눈으로 현을 바라보기만 하였다. 그러나 이번에는 현이 길을 가다가 발도 없이 땅 위를 걸어가고 있는 뱀蛇을 만났다.

"너는 미끄러지듯 잘도 가는구나. 나는 많은 발을 가지고도 발 없는 너만큼 걸어갈 수가 없으니, 훌륭하다고 하지 않을 수 없구나. 어떻게 그럴 수가 있는 것인가?"

현이 하는 말을 듣고 뱀이 말하였다.

"나는 척추와 가슴뼈를 움직여 걸어가고 있으니까 다리나 발이 필요 없지. 그저 자연스럽게 가고 있는 거야. 어떻게 그럴 수 있는지는 나도 알 수가 없지."

현은 더 말을 못하고 부러운 눈으로 뱀을 바라보기만 하였다. 그 뱀이 이번에는 길에서 바람風을 만났다.

"너는 땅을 밟지도 않고 북명北冥에서 남명南冥으로 휭 하고 옮아가기도 하고 산과 구릉까지도 타고 넘으니 어떻게 그럴 수가 있는 것인가? 아무것도 의지함이 없이 걸어다니고 있지 않은가?"

뱀이 이렇게 묻자 바람이 말하였다.

"그렇다네. 나는 아무것도 기대거나 의지하지 않고 걸어다니고 있지. 그러나 손가락 하나도 나를 막아낼 수 있고 발길질도 나를 이겨낼 수 있네. 그렇지만 나는 작은 것에는 이겨내지 못하지만 집을 날려보낼 수 있고 큰 나무를 뿌리째 뽑아버릴 수도 있지. 이것을 어떻게 내 의지로 하는 것이라 하겠는가? 자연스럽게 그저 그렇게 되는 것이라네."

뱀은 더 말을 못하고 부러운 듯이 바람을 바라보기만 하였다. 이번에는 바람이 걸어가다가 눈目을 만났다.

"너는 움직이지 않고도 가고 걷지 않고도 도달하고 있으니, 어떻게 그럴 수가 있는가?"

바람이 이렇게 묻자 눈이 말하였다.

"나는 가만히 앉아서도 움직이고, 걸어가지 않고도 도달할 수가 있으니 몸을 옮겨다닐 필요가 있겠는가? 어떻게 그럴 수가 있느냐고는 묻지 말게. 그것은 나도 알 수가 없다네. 그저 자연스럽게 그렇게 되는 것이지."

바람은 더 말이 없고 부러운 듯이 눈을 바라보기만 하였다.

그때 마음心이 그들에게로 다가오면서 말하였다.

"나는 과거로 돌아가기도 하고 미래로 건너뛰기도 하면서 시간 위를 걸어다닐 수 있지. 그래서 지나간 일, 어제의 일도 잘 알지. 어떻게 그럴 수 있는지는 알 수가 없으나 태어난 대로 그저 자연스럽게 그렇게 할 뿐이지."

눈은 부러운 듯이 마음을 바라보았다.

기는 현을 부러워하고 현은 뱀을 부러워하고 뱀은 바람을 부러워하고 바람은 눈을 부러워하고 눈은 마음을 부러워하였다. 마음이 또한 부러워함이 없겠느냐? 그러나 이들은 부러워함 때문에 자연스러움을 그르치는 일이 없었다. 그것이 사람과 다른 점이었다.

夔蚿蛇風目心

발이 하나밖에 없는 기夔는 발이 많은 노래기를 부러워하
고, 노래기는 뱀을 부러워하고, 뱀은 바람을 부러워하고,
바람은 눈을 부러워하고, 눈은 마음을 부러워하였다.

夔憐蚿, 蚿憐蛇, 蛇憐風, 風憐目, 目憐心. ―「秋水」

사람은 멍청이

"정말 필요한 것이 무엇인지, 사람들은 모르고 있는 거야.
그것을 모르고 살아간다는 것은 불행한 일이지, 슬픈 일이구."
황새는 이렇게 말하였다. "사람은 모두 멍청이들이야."

오리가 물가에서 놀고 있었다. 학이 오리에게로 날아와 앉으며 말하였다.

"너는 정말 다리가 짧구나."

그러자 오리가 학을 올려다보면서 말하였다.

"그렇지 않아, 내 다리가 짧은 것이 아니라 네 다리가 긴 거야."

학이 다시 말하였다.

"아니야, 네 다리가 짧은 거야."

오리가 또 말하였다.

"네 다리가 긴 거래두."

학은 오리의 다리가 짧다고 말하고 오리는 학의 다리가 길다
고 말하고 있었다. 쑥대밭을 오가며 놀고 있던 뱁새가 그것을
보고는 종종걸음으로 다가왔다. 그리고 말하였다.

　"너희들은 사람만큼이나 멍청하구나!"

　뱁새의 말을 듣고 오리와 학은 어이가 없었다. 학이 말하였다.

　"꼬마가 무엇을 안다고 말참견이니? 그럼 너는 오리의 다리
가 짧지 않다는 거니?"

　뱁새는 가까이 다가와 고개가 뒤로 넘어갈 듯이 머리를 젖히
고 학을 올려다보고 있었다. 학이 보기에 뱁새는 정말 볼품없
이 작았다.

　"그렇다니까, 오리의 다리는 짧은 것이 아니야"

하고 뱁새가 말하였다.

　"그럼 내 다리가 긴 거란 말이니?"

　학은 화가 난 듯이 소리를 질렀다.

　"네 다리도 긴 것은 아니야"

하고 뱁새는 또 이렇게 말하였다.

　"그럼 내 다리가 짧은 거라구?"

　이번에는 오리가 말하였다.

　"네 다리도 짧은 것이 아니야."

　뱁새는 학의 다리가 긴 것도 아니고 오리의 다리가 짧은 것
도 아니라고 하였다.

　"그러면 오리의 다리가 내 다리와 같다는 말이니?"

　학은 뱁새의 말이 엉터리라는 듯이 말하였다.

"그럴 수는 없지. 내 다리가 학의 네 다리와 같을 수는 없지!"

오리도 한마디 하였다. 그는 학의 다리가 쓸모 없이 길다는 생각을 하고 있었다.

"그러니까 너희들을 멍청이라고 하는 거야."

뱁새는 또 이렇게 말하였다. 멍청이라는 말에 오리와 학은 이번에도 몹시 화가 났다. 뱁새를 상대로 더는 말을 하고 싶지 않았다. 그러나 뱁새가 다시 말하였다.

"오리 너는 정말 학의 다리가 길다고 생각하고 있는 거니?"

오리는 기분이 몹시 상한 상태였으나 뱁새의 이러한 물음에 가만히 있을 수는 없었다.

"그렇지 않구! 막대기를 세워 놓은 것처럼 가늘고 긴 다리가 곧 부러질 것 같지 않니? 저 다리를 가지고는 헤엄을 칠 수가 없지."

그때 오리가 하는 말을 듣고 있던 학이 갑자기 다리 하나를 높이 들어 올렸다. 그리고는 한 발로 서면서 그렇지 않다고 힘자랑을 하였다. 그것은 학이 이따금 하는 버릇이었다.

이번에는 뱁새가 학을 보고 물었다.

"너는 오리의 다리가 정말 짧다고 생각하고 있는 거니?"

학이 들었던 다리를 내려놓으며 말하였다.

"그렇다니까, 저 꼴을 좀 보렴! 배가 땅에까지 닿아 흙을 묻히고 있지 않니? 어떻게 다리가 짧다고 하지 않을 수 있겠니?"

그 말을 듣고 이번에는 오리가 늘어진 배를 한껏 치켜올렸다. 그리고는 씰룩씰룩 앞으로 걸어가면서 그렇지 않다고 하였다. 뱁새가 그들이 하는 것을 보고 한심하다는 듯이 말하였다.

"사람들이 하는 말을 너희들은 듣지 못했나 보군."

사람이라는 말에 오리와 학은 겁을 집어먹은 듯이 눈을 크게 떴다. 사람은 그들에게 모두 별로 좋은 친구가 아니었기 때문이었다.

"사람들이 우리에 대한 말을 했다구?"

오리와 학은 사람들이 자기들에 대해 좋은 말을 했을 것 같지 않다는 생각이 들었다. 언젠가 총을 들고 닥치는 대로 사냥하는 모습을 본 일이 있었기 때문이었다.

"그렇다니까. 학의 다리를 잘라 오리 다리에 이어주면 좋을 거라고 했어!"

"뭐 뭐라구?"

뱁새의 말에 오리와 학은 몹시 놀라는 표정들이었다.

황새가 날아가다가 이들이 모여 있는 것을 보고 내려와 앉았다.

"너는 뱁새로구나! 설마 지금 나를 흉내내려는 것은 아니겠지?"

하고 황새는 말하였다. 뱁새가 황새걸음을 흉내내다가는 가랑이가 찢어진다는 말을 어디선가 들은 일이 있기 때문이었다.

"한 길도 날아 오르지 못하는 주제에 어떻게 황새 너를 따라갈 수가 있겠니?"

학이 옆에서 뱁새를 비웃듯이 말하였다.

"그것은 학의 말이 옳아. 나는 겨우 쑥대 사이를 날아오를 뿐이야. 아주 작은 새라고 할 수 있지. 그러나 지금껏 누구를 부러워하거나 흉내내는 일 따위는 해본 일이 없지. 나는 사람들처럼 멍청하지는 않거든"

하고 뱁새가 말하였다.

"그랬을 거야. 우리는 모두 사람들처럼 멍청이로 살아가지는 않지."

하고 황새가 말하였다. 그도 사람은 멍청이라고 하였다.

"그렇지만 뱁새는 말을 아무렇게나 하고 있어. 버릇이 없고 너무 건방지다니까."

아까 자기더러 멍청이라고 했던 뱁새에게 학은 아직도 마음이 상해 있었던 것이다. 그것은 오리도 마찬가지였다. 오리도 한마디 하였다.

"그것은 뱁새가 자기 분수를 모르고 있기 때문일 거야. 분수를 모른다는 것은 부끄러운 일이지."

그러자 뱁새는 오리와 학에게 너무 당돌하게 말하여 마음을 상하게 한 것이 미안하다는 듯 조심스럽게 말하였다.

"그렇지 않아. 나는 다만 오리는 오리 다리를 가지고 있고, 학은 학의 다리를 가지고 있다고 했을 뿐이야. 누구의 다리가 더 길고 누구의 다리가 더 짧다고 할 수는 없다는 뜻이었지."

"그러나 길고 짧은 것이 어떻게 없을 수야 있겠니?"

하고 학이 말하였다.

"생각으로는 있을 수 있겠지. 그러나 사실 속에는 길고 짧은 것이 없는 거야. 그것은 서로를 비교하는 데서 생기는 것이거든. 사람들은 무엇이든 비교하기를 좋아하지. 그리고 그것을 사실로 생각하지. 사람들은 어느 것 하나 있는 대로 보지 않아. 그래서 길고 짧은 것만을 보고 사실은 보지 못하지. 나를 보고도 작은 것인 줄만 알고, 뱁새라는 것을 알지 못하지. 나는 뱁새로 있는 것이지 작은 것으로 있는 것이 아니야. 사실을 사실로 있는 그대로 보면 세상은 아름다운 것이거든."

오리와 학은 뱁새의 말을 가만히 듣고만 있었다. 그러자 황새가 말을 받았다.

"옳은 말이야. 사람들은 세상의 모든 것을 크고 작고 길고 짧은 것으로만 보고 있지. 그래서 긴 것은 자르고 짧은 것은 이으려는 억지 생각을 만들어내고 있지. 그것은 뱁새의 말대로 사물을 사물로 보지 못하고 모든 것을 수치로만 보고 있기 때문이지. 수치는 동일하게 만들 수 있지만 사물은 그렇게 있을 수가 없는 것이거든. 사물은 모두 다르게 있는 거야. 이 세상에 같은 것으로 있는 것은 하나도 없지. 그것을 같게 하려는 것은 억지야. 멍청이들이나 하는 짓이지."

"우리가 그런 억지를 부리고 있었던 것은 아니야."

지금껏 가만히 듣고만 있던 오리가 비로소 한마디 하였다.

"물론, 너희들이 그런 억지를 부렸다는 것은 아니야. 그러나 다리를 가지고 서로 길다 짧다고 말한다는 것은 옳은 생각이 아니야."

뱁새의 말을 듣고 황새가 또 말하였다.

"그것은 옳은 말인 것 같군. 학의 다리는 긴 것이 아니고 오리의 다리도 결코 짧은 것이 아니지. 오리는 학이 아니고 학은 오리가 아니니까. 서로 다른 다리를 가지고 비교한다는 것은 옳지 않아. 비교한다는 것은 언제나 문제를 가져오는 것이거든."

뱁새가 다시 말하였다.

"나는 다른 새들처럼 멀리 날려고 하지 않지. 그것은 내가 뱁새라는 것을 잘 알고 있기 때문이야. 뱁새에겐 그럴 필요가 없으니까. 오리 너는 나를 보고 분수를 모른다고 했지만 그렇지 않아. 나는 내 분수를 잘 알고 있어."

"분수를 안다는 것은 참으로 중요하지. 내가 보기에는 뱁새가 건방진 것 같지는 않군. 남을 흉내낼 만큼 어리석지도 않고."

황새는 목을 한번 길게 뺐다가 움츠리면서 말하였다.

"너는 참으로 훌륭한 새로군."

뱁새는 자기를 알아주는 황새가 정말 훌륭하다는 생각을 하고 있었다. 몸집이 크지만 자기가 크다고 생각하지를 않았고 위엄도 있어 보이지만 조금도 거만하지 않았다. 학도 황새만큼 잘 생겼지만 흰 색깔만 가지고 있는 것이 고결한 성품을 자랑하고 있는 것 같아 마음에 꼭 들지는 않았다. 고결한 것은 좋은 것이지만 그것이 겉으로 드러난다는 것은 그리 좋은 일이 아니기 때문이다. 소중한 것은 언제나 비밀스럽게 속에 감추고 있어야 하는 것이니까.

황새가 말하였다.

"그렇지 않아. 누가 더 훌륭하고 훌륭하지 않고가 없지. 우리는 다들 자기 생긴 것만큼, 그리고 자기 능력만큼 꼭 필요한 것만을 가지고 살아가는 것이지. 나는 하늘 높이 날지만 붕새처럼 구름 밖까지 날아가지는 않아. 그럴 필요가 없거든. 필요 없는 일을 한다는 것은 어리석은 짓이야."

오리가 말하였다.

"그렇구 말구. 나는 물고기를 잡아먹지만 물 속의 고기를 다 잡아먹지는 않아. 그럴 필요가 없거든. 배 하나 채우면 그것으로 그만이니까."

학도 한마디 하였다.

"나는 나무에 집을 짓고 살지만, 가지마다 집을 짓고 다니지는 않아. 집을 짓는 데는 꼭 한 가지만 필요한 것이니까."

이번에는 뱁새가 말하였다.

"나는 이 강가의 쑥대밭을 벗어나 본 일이 없지. 뱁새인 나는 그럴 필요가 없으니까."

마지막으로 황새가 다시 말하였다.

"우리는 모두 그렇게 살아가고 있는 거야. 너는 뱁새로 살아가고 너는 오리로 살아가고 너는 학으로 살아가고 있는 것이지. 자기가 필요한 것이 무엇인지를 알고 살아간다는 것은 중요한 일이야. 그러나 사람들은 그렇지 않거든. 억지를 부리며 살아가지. 안해도 될 일을 하고, 안 만들어도 될 물건을 만들고, 안 가져도 될 것들을 가지려고 하거든. 그리고 무엇이나 많이 가지려고만 하지. 그럴 필요가 없은데도 말이야. 그것은 사람들이 무엇이 필요하고 필요하지 않은지를 모르고 살아가고 있는 때문이야. 그래서 필요하지도 않은, 정말 쓸모 없는 것들을 만들어, 세상에는 그런 물건들로 넘쳐나고 있지. 그 넘쳐나는 물건들이 쓰레기밭을 만들고 땅을 썩게 하고 강물을 오염시키고 공기를 더럽히고 지구를 병들게 하고 있지. 자기에게 정말 필요한 것이 무엇인지를 알아, 그 필요한 만큼만 가지고 살아가면 이런 일은 없을 텐데."

"그렇구 말구, 사람들이 살아가는 방법을 모르고 있다는 것은 슬픈 일이야. 이제는 이 강물에도 고기가 살고 있지 않아."

오리가 이렇게 말을 하고는 먼 하늘을 바라보고 한숨을 지었다. 그는 아까부터 물가에 나와 있었으나 고기 한 마리도 잡아먹지 못하였던 것이다.

"그렇군. 물에서 무슨 냄새가 나고 있는 것 같군. 이 강도 이제는 죽어가고 있는 거야."

황새는 킁킁거리며 냄새를 맡았다. 물에서는 정말 썩은 냄새가 나고 있었다.

"공장에서 폐수를 마구 쏟아 붓고 있는 때문이야."

뱁새가 그 까닭을 안다는 듯이 말하였다. 검은 연기가 치솟고 있는 공장 굴뚝이 멀리 보였다. 그곳은 얼마 전까지만 해도 많은 새들이 마음껏 노닐 수 있던 수림이었다. 그러던 것이 어느 날 기계가 들어오고 땅을 파헤치고 공장이 들어서더니 주위가 온통 쓰레기로 뒤덮여 버렸던 것이다.

"저 공장에서도 필요한 물건을 만들고 있는 것 같지는 않군."

오리가 말하였다.

"정말 필요한 것이 무엇인지, 사람들은 모르고 있는 거야. 그것을 모르고 살아간다는 것은 불행한 일이지, 슬픈 일이구."

황새는 이렇게 말하였다.

"사람은 모두 멍청이들이야."

이것은 뱁새의 말이었다. 공장 굴뚝에서는 아까보다 더 많은 연기가 하늘로 치솟고 있었다.

그때 지금까지 별로 말을 하지 않고 있던 학이 한 발 나서면서 말하였다.

"우리도 이제는 이 강을 떠나야 할 것 같군."

그 말에 모두들 입을 다물고 숙연해지고 말았다. 그리고 며칠 후 황새와 뱁새와 오리와 학은 죽어 가는 강물을 떠날 준비를 서둘렀다.

이앙장ㅁ

산새가 숲속에 집을 짓지만 나뭇가지 하나만 차지하고,
들쥐가 강물을 마시지만 배 하나 채우는 것 이상은 마시지
않는다.

鷦鷯巢於深林, 不過一枝, 偃鼠飮河, 不過滿腹. —「逍遙遊」

그들은 모두 동갑내기들

사람들은 있지도 않는 나이를 가지고 오래 산다느니
아니니 하고들 자랑을 하고 있지.
그들도 오늘 하루만을 살고 있으면서 말이야.
나이는 써버린 돈과 같은 거지.

낮에만 살다 가는 하루살이朝菌가 하루는 쓰르라미蟪蛄를 찾아갔다. 그리고 말하였다.

"밤이 있다고 하는데, 너는 그것을 알고 있니? 밤을 나에게 설명해 줄 수 있겠니?"

쓰르라미가 말하였다.

"그렇군, 너는 밤을 모르겠구나. 내가 설명해줄 수 있지. 그것은 말이야, 밤은 어둡지."

하루살이가 다시 물었다.

"어둡다는 게 뭐야?"

쓰르라미가 말하였다.

"어둡다는 건 말이야, 캄캄하여 아무것도 보이지 않는다는 뜻이지. 너도 보이지 않고, 물론 낮에만 살다 가는 너는 밤이 되면 없으니까 보일 리가 없지. 그렇지만 살아 있는 나도 밤에는 나를 볼 수 없단 말이야. 나무도 풀도 꽃도 보이지 않아."

쓰르라미는 어둠에 대해서 열심히 설명하였다.

"그럼 무엇이 보이는 거야?"

하루살이는 또 물었다.

"밤에는 아무것도 보이지 않지, 위도 아래도 앞도 뒤도 도무지 분별이라는 것도 없지"

하고 쓰르라미가 말하였다.

"그러니까 밤은 아무 것도 없는 것이구나?"

하루살이는 알겠다는 듯이 말하였다.

"아니야 그렇지 않아, 보이지 않는다고 없는 것은 아니야."

쓰르라미는 하루살이가 잘못 알고 있다는 생각이 들어 이렇게 말하였다.

"보이지 않는다고 없는 것은 아니라구?"

"그렇다니까!"

"그럼 너는 지금 나를 속이고 있는 거야. 보이지 않는 것이 어떻게 있을 수 있니? 마치 너는 밤을 본 것처럼 이야기하고 있구나."

쓰르라미는 하루살이의 말에 얼른 대답할 말이 생각나지 않았다. 그래서 다음과 같이 말하였다.

"나는 어젯밤에도 있었거든!"

그러자 하루살이는 또 이렇게 말하였다.

"너는 어젯밤에 있었던 게 아니야. 아무도 밤에는 너를 볼 수 없었을 테니까. 너도 네 몸을 볼 수 없다고 하지 않았니? 그러니까 너는 어젯밤에 없었던 거야. 너는 오늘에만 있는 거야."

"그렇지 않다니까. 나는 어제 낮에도 있었고 밤에도 있었던 거야."

그러나 쓰르라미는 이렇게 밖에는 더 설명할 수가 없었다.

"어제 같은 건 없어. 늘 오늘만 있는 거야."

하루살이는 이렇게 말하였다.

"어제는 없다구?"

"그렇다니까. 있는 것은 늘 오늘만이야. 너는 지금 없는 것들을 이야기하고 있는 거야."

하루살이는 점점 더 이상한 말만 하고 있었다. 그리하여 쓰르라미는 밤에 대해서 더 설명하지 못했고 하루살이는 끝내 밤을 이해하지 못했다.

쓰르라미는 쑥대 사이를 날아다니고 있는 뱁새를 찾아갔다.

"겨울이 있다는데 너는 그것을 알고 있니? 겨울을 내게 설명해 줄 수 있겠니?"

쓰르라미는 뱁새를 보고 이렇게 말하였다.

"그렇군! 너는 겨울을 모르겠구나. 내가 설명해줄 수 있지. 그것은 말이야, 겨울은 춥지"

하고 뱁새는 말하였다.

"춥다는 게 뭐야?"

쓰르라미는 또 이렇게 물었다.

"눈이 오고 얼음이 얼지. 그러면 풀이나 꽃, 나무들은 다 말라죽지. 너도 있으면 얼어죽을 거야. 그렇지만 너는 여름만 살다가 가니까 그럴 염려는 없겠군"

하고 뱁새는 춥다는 것에 대한 설명을 하였다.

"너는 안 죽어?"

쓰르라미가 말하였다.

"물론이야, 눈이 올 때는 배가 좀 고플 때도 있지만 견딜 수 있어. 나는 죽지 않아."

"그럼 풀이랑 꽃이랑 죽는 것이 추운 거야?"

"그렇다니까."

쓰르라미는 한참 생각하는 듯하더니 다시 물었다.

"눈이 온다는 건 뭐야? 얼음이 언다는 건 또 뭐구?"

"눈이 온다는 건 하늘에서 하얀 꽃송이가 떨어지는 거야. 그리고 얼음이 언다는 건 물이 흐르지 않고 굳어버리는 거지. 딱딱한 흰 돌처럼, 유리를 깔아놓은 것 같을 때도 있어. 그 위를 걸어다닐 수도 있지. 그렇지만 조심해야 해. 아주 미끄럽거든."

뱁새는 눈과 얼음에 대하여 열심히 설명을 하였다.

"그렇지만 그것이 왜 겨울이야? 추운 거구?"

"풀과 나무가 다 얼어죽으니까. 얼음이 얼구."

그러나 쓰르라미는 뱁새의 말을 한 마디도 알아듣지 못했다
는 듯이 이렇게 말하였다.
　"너는 지금 나에게 거짓말을 하고 있는 거야. 하늘에서 하얀
꽃이 떨어지는데 왜 춥다는 거지? 그리고 물이 흐르지 않고 딱
딱한 돌이 된다는 것도 말이 안돼. 누가 그 말을 믿을 수 있겠
니? 설사 믿는다 하더라도 너는 지금까지 겨울이라는 것에 대
해서는 아무 것도 말하지 않았어."
　"그것이 겨울이라니까!"
　뱁새는 쓰르라미가 알아듣지 못하고 있는 것이 몹시 답답했
지만 이렇게 밖에는 말할 수가 없었다. 그러자 이번에는 쓰르
라미는 더욱 이상한 말을 하였다.
　"겨울은 없어. 너는 없는 것을 겨울이라고 말하고 있는 거
야."
　뱁새는 더 이상 설명하지 못했고 쓰르라미는 끝내 겨울을 이
해하지 못하였다.

　뱁새는 물가에 나와 있는 거북冥靈에게로 찾아갔다.
　"너는 봄이 오백 년이고 가을을 오백 년이라고 한다는데 그
럼 여름과 겨울은 몇 년이야?"
　하고 뱁새는 거북이에게 물었다.
　"여름도 오백 년이고 겨울도 오백 년이지."
　거북이가 대답하였다.
　"와! 그럼 너의 일 년은 몇 년이야?"

뱁새는 놀란 듯이 말하였다.

"생각해 보렴, 몇 년인가?"

뱁새는 한참이나 있다가 다시 물었다.

"너는 나이가 몇 살이야?"

"나는 언제 태어났는지 몰라. 그리고 나이도 몰라"

하고 거북이는 덤덤하게 말하였다.

"그렇게 오래 살아 뭘 해?"

"뭘 하느냐구? 그냥 살지 뭐!"

역시 거북이의 덤덤한 말이었다. 그러자 뱁새가 다시 말하
였다.

"지루하지 않느냐구 묻는 거야. 나는 아주 지루할 때가 많거
든. 겨울에는 언제 봄이 오나하고 기다리기가 지루하고 배가
늘 고프거든. 어서 봄이 와야 새싹이 나오고 꽃도 피어 먹을 것
이 생기거든. 그렇지만 봄은 충분하지 않아. 그래서 또 여름을
기다리지. 어서 꽃이 지고 열매를 맺어야 하니까. 그래도 여름
은 충분하지 않아. 또 가을을 기다려야 하지. 씨앗과 열매들이
영글어 익어야 먹을 것이 많아지니까 말이야. 그때는 조금도
지루하지 않아. 모든 것이 풍성하고 충분하니까, 늘 즐겁기만
하지. 노래도 저절로 나오거든. 그러나 그럴 틈도 없이 가을은
정말 잠깐이야. 즐거운 시간은 빨리 지나간다니까. 곧 다시 겨
울이 오거든. 그러면 또 기다려야 해. 기다린다는 건 정말 지루
하지. 특히 겨울 하루는 더 지루해. 아침해가 떠오르면 온종일
질 줄 모른다니까. 하루가 얼마나 긴지 모른다구. 지루한 시간

은 더 천천히 가거든. 사람들은 겨울 하루가 짧다고 하지만 그
것은 모르는 소리야."

뱁새는 겨울을 몹시 싫어하는 것 같았다.

"그건 그래! 네 말이 옳아. 사람이란 생각하는 것들이 모두
엉터리거든"
하고 거북이가 말하였다.

"그렇다니까, 사람들은 어느 것 하나 사실을 있는 대로 그냥
보는 법이 없어. 꽃 하나를 보고도 곱다느니 밉다느니 좋다 나
쁘다 의견이 갈라지거든. 그리고 모든 것을 자기 마음대로 생
각하려고 한단 말이야. 나를 보고 황새를 따라가다가 가랑이
가 찢어질 것이라나? 내가 왜 황새를 따라 가니? 황새는 그저
황새일 뿐이야. 나는 나구. 그런데 뱁새인 나는 쓸모 없는 새고
황새는 쓸모 있는 새인 것처럼 말하고 있거든. 새는 그냥 새일
뿐이야. 쓸모 있고 쓸모 없는 것이 어떻게 있을 수 있니? 꽃만
해도 그렇지. 꽃은 그냥 꽃이야. 밉고 곱고가 어디 있니? 모든
것을 그냥 두지 않고 의미를 붙여 바라보거든. 사람은 엉터리
야. 정말 자기 멋대로라니까!'

뱁새는 흥분한 듯이 말했다.

"나도 사람을 좋아하지는 않아. 그래서 다가오면 물 속으로
깊이 들어가지. 토끼를 꾀어 용궁으로 데려갈 정도로 의뭉스
럽다는 둥, 느림보라는 둥, 그리고 토끼와의 경주에서 사실은
이길 수 있는 것이 아니었다는 둥 그런 시비를 나는 듣고 싶지
않아. 그래도 내가 오래 사는 것이 그들은 부러운 모양이야."

이렇게 말하고 나서 거북이는 목을 길게 빼면서 하늘을 향해 한번 크게 입을 벌렸다. 그것을 보고 뱁새는 거북이가 하품을 하는 것이라고 생각하였다.

　"너는 지금 지루한 모양이구나! 지루하면 하품이 절로 나오지. 그런데 그렇게 오래 살면서 어떻게 지루함을 참고 지낼 수 있는 거니?"

　그러자 거북이가 말하였다.

　"나는 하품을 하고 있었던 게 아니야. 저 푸른 하늘을 삼키고 있었던 것이지. 그래야 물 속에서 오래 있을 수 있거든. 나는 한번 들어가면 몇 달씩 있어야 하거든. 그래도 나는 하나도 지루하지 않아."

　"그렇게 오래 살아도 정말 지루한 적이 한번도 없단 말이야?"

　"그렇다니까, 지루하다는 것은 시간을 기다리기 때문일거야. 그러나 나한테는 그런 시간이 없거든"

하고 거북이가 말하였다.

　"그렇게 오래 살면서도 시간이 없다구?"

　"물론이야. 나는 나이가 없으니까."

　"없는 것이 아니야. 너는 나이를 모르고 있을 뿐이야."

　나이가 없다는 말에 뱁새는 이렇게 말하였다.

　"모르는 건 결국 없다는 거야."

　거북이는 또 이렇게 말하였다.

　"그건 거북이 말이 옳아. 모르는 것은 없는 거야."

그때 하루살이가 언제 왔는지 그들에게 끼어들면서 말하였다. 쓰르라미도 옆에 함께 와 있었다.

하루살이는 말을 계속했다.

"그리고 나이는 원래 없는 거야. 있는 것은 늘 오늘만 있거든. 어제는 지나가서 없고 내일은 오지 않았으니 있을 리 없지. 어제도 없고 내일도 없고 있는 것은 오직 오늘만 있는 거야. 뱁새 너도 오늘에 있고, 거북이도 오늘에 있고, 쓰르라미도 오늘에 있고, 하루살이인 나도 오늘에 있지. 오늘은 분명히 있거든. 오늘이 없다면 우리는 모두 지금 없을 테니까, 있는 것은 오직 오늘 하루뿐이야. 오늘 하루뿐인데 거기에 무슨 나이가 있겠어? 나이는 없는 거야. 그러므로 나이를 말한다는 것은 없는 것을 있다고 생각하는 데서 오는 억지일 뿐이야. 그런 억지를 부리고 살아가는 것이 사람들이지. 사람은 멍청이들이니까, 그런 멍청이들에게나 나이가 있는 거야. 뱁새 너는 아까 말하지 않았니? 꽃 한 송이를 보고도 밉다 곱다 또는 쓸모가 있다 없다 하면서 없는 것을 있다고 말하는 것이 사람들이라고. 사람들은 사실을 있는 대로 그냥 보지 않고 있지도 않은 의미를 붙여 딴 소리를 한다고."

하루살이는 목이 마른지 침을 한번 삼키고 나서는 잠시 쉬었다가 다시 말을 계속하였다.

"사람들은 있지도 않은 나이를 가지고 오래 산다느니 아니니 하고들 자랑을 하고 있지. 그들도 오늘 하루만을 살고 있으면서 말이야. 나이는 써버린 돈과 같은 거지. 써버리고 없는 돈이 아무리 많으면 뭘해? 그게 부자야? 나이는 그런 거야. 살아 버린 삶이지. 살아버린 삶은 없는 거야. 있는 삶은 언제나 오늘 하루로만 있지. 우리 모두는 그 오늘 하루를 살고 있을 뿐이야. 그러므로 누가 더 오래 살고 오래 살지 않고가 없지. 나이 같은 건 실제로는 없으니까 말이야."

모두들 하루살이의 말을 경청하고 있었다. 한참 있다가 쓰르라미가 한 발 나서면서 말했다.

"아무리 그렇더라도 모르는 것을 없다고 하는 것은 무리야."

하루살이가 아까 밤이 없다고 한 것은 아무래도 이해가 되지 않았기 때문이었다.

"너는 겨울이 없다고 우기지 않았니?"

뱁새가 옆에 있다가 쓰르라미를 보고 말하였다. 너도 겨울을 모르고 있으니까 없다고 하지 않았느냐는 뜻이었다.

"밤은 있지만 겨울은 없단 말이야, 너는 아까 풀이니 꽃이니 눈이니 얼음이니 하는 것들만 이야기했지 겨울은 한마디도 설명하지 않았거든. 그것은 겨울이 없으니까 설명하지 못했던 거야."

쓰르라미는 뱁새에게 대들 듯이 말하였다. 쓰르라미도 하루살이에게 밤을 설명하지 못한 것은 마찬가지였다.

"너는 겨울이 춥다는 것을 모르니 답답하구나."

뱁새는 가슴을 치면서 말하였다. 지금까지 가만히 듣고만 있던 거북이가 조심스럽게 입을 열었다.

"아무래도 처음부터 생각을 좀 깊이 해봐야 할 것 같군. 이러다간 우리도 사람들처럼 없는 것을 붙들고 엉터리 삶을 살아 갈 수도 있을 테니까 말이야."

그리고 눈을 껌벅거리며 머리를 한번 갸우뚱하더니 거북이 는 다시 말을 하였다.

"하루살이 너는 밤이 없다고 했다지. 쓰르라미는 겨울이 없 다고 말하고, 뱁새 너는 뭐라고 말했지? 나를 보고 하품을 한 다고 했던가? 그렇게 오래 살면서 지루하지 않느냐고 물었지. 그리고 나는 나이가 없다고 말했어. 하루살이도 내 생각과 같 다고 동의를 했지. 모르는 것은 없는 것이라는 말도 했고."

"그렇지. 우리들은 모두 그렇게 말했어."

하루살이, 쓰르라미, 뱁새가 모두 그것을 수긍하였다.

"그런데 뱁새에게 먼저 한 가지 물어 보아야 할 것 같군. 너 는 무엇이 없는 것이라고 생각하고 있지?"

뱁새는 지금까지 없다는 것에 대해서는 말을 한 것 같지 않 아 거북이가 물었다.

"나는 곱고 밉고 쓸모 있고 쓸모 없고 하는 의미들은 사실로 서 있는 것이 아니라고 했지."

"그랬군. 그래서 사람들은 엉터리라고 했지. 자기 멋대로라 고도 했구."

"엉터리라는 말은 거북이 너도 했어."

뱁새의 말이었다.

"그랬지, 나도 그런 말을 했어. 사람들은 없는 것을 있다고 생각하고 살아가는 엉터리라고 했지. 그럼 우리들에게는 그런

엉터리가 없는지 이제 한번 생각해 보자구. 혹시나 쓰르라미
너는 없는 밤을 있다고 말하고, 뱁새 너는 없는 겨울을 있다고
생각하고 있는 것은 아닐까?"

"절대 그렇지 않아. 밤은 있어, 다만 아무것도 보이지 않을
뿐이야"

하고 쓰르라미가 말하였다.

"겨울도 틀림없이 있지. 눈이 오고 얼음이 얼거든."

뱁새가 말하였다.

"그럼 하루살이는 밤이 없다고 말하고, 쓰르라미 너는 겨울
이 없다고 하는 것은 어떻게 되는 걸까?"

"밤이 없다고 하는 말도 맞고, 겨울이 없다고 하는 말도 옳
아."

하루살이가 말하였다.

"아니야, 겨울이 없다는 말은 맞지만, 밤이 없다고 하는 말은
옳지 않아."

쓰르라미의 말이었다. 쓰르라미에게는 확실히 밤이 있기 때
문이었다.

"하루살이도 틀렸고, 쓰르라미 너도 틀렸어, 겨울은 분명히
있는 것이니까!"

뱁새는 또 이렇게 말하였다. 거북이가 다시 말하였다.

"아까 나는 나이가 없다는 말을 했지. 그랬더니 뱁새 너는
없는 것이 아니라 단지 나이를 모를 뿐이라고 했어. 나는 다시
모르는 것은 없는 것이라고 말을 했고, 그러자 하루살이 너는

옆에 있다가 내 말이 옳다고 동의를 했지. 그리고 나중에 하루살이가 나이에 대해서 하는 말을 다 듣고 나서, 쓰르라미 너는 그래도 모르는 것을 없는 것이라고 하는 것은 무리라고 이의를 제기했어. 뱁새가 나더러 나이는 없는 것이 아니라 단지 모르고 있을 뿐이라고 한 것도 쓰르라미와 같은 생각일 거라고 짐작해."

"그렇다니까, 모른다고 없다고 할 수는 없어. 하루살이가 밤을 모른다 해도 밤은 있는 것이니까."

쓰르라미가 이렇게 말을 하자, 옆에 있던 뱁새는 또 이렇게 말을 했다.

"쓰르라미 네가 겨울을 모른다 해도 겨울은 분명 있어."

그때 눈을 껌벅거리고 있던 거북이가 조심스럽게 입을 열어 다음과 같은 말을 했다.

"그렇지만 쓰르라미의 말이나, 뱁새의 말이 모두 모르는 것도 있다는 주장을 확실히 하기엔 충분하지 않다는 생각이 드는군."

그리고 잠시 말을 끊었다가 다시 시작했다.

"쓰르라미가 밤이 있다고 주장하는 것은 밤을 알기 때문일 거야. 그렇지 않니? 모른다면 밤이 있다고 그렇게 자신 있게 말할 수 없겠지. 뱁새도 겨울이 있다고 하는 것은 겨울을 알고 있기 때문일거야. 모른다면 겨울이 있다고 주장할 수 없을 거야. 그러니까 하루살이가 밤은 없는 것이라고 하는 주장을 부정하기는 힘들지. 밤을 모르고 있으니까 당연한 거야. 겨울도 마찬가지지. 쓰르라미에게는 밤은 있지만 겨울이 없다는 것을 부정할 수 없지. 밤은 알지만 겨울은 모르고 있으니까 당연하지. 그러므로 모르는 것도 있다고 하는 것은 모르는 자에게 해당되는 말은 아닌 것 같군. 그렇지 않은가? 밤은 쓰르라미에게는 있지만 하루살이에게도 있다고 할 수는 없지. 겨울은 뱁새에게는 있지만 쓰르라미에게도 있다고 할 수는 없지. 누구에게나 다 있고 누구에게나 다 없는 그런 일은 있을 것 같지 않군. 그런 것이 꼭 필요할 것 같지도 않고."

거북이의 말은 퍽 진지하였다. 그래서인지 모두들 그 말을 듣고도 별 말이 없었다.

"그럼 나이는 어떻게 되는 거지?"

그때 뱁새가 이렇게 말하였다. 그것은 시간이 한참이나 흐른 뒤였다.

"글쎄, 아마 너에게는 나이가 있을 거야. 너는 네 나이를 알고 있는 것 같으니까. 그러나 나는 내 나이를 모르거든. 그러니까 내게는 없다고 해야겠지. 실제로 나는 나이 같은 건 생각해 본 일이 없으니까"

하고 거북이가 말하였다.

"아니야! 뱁새 너도 나이는 없어. 아까도 말했지만 우리는 모두 언제나 오늘 하루만 살아 있는 것이니까. 나이는 몰라서만 없는 것이 아니야."

하루살이가 반론을 제기하였다.

"그렇군, 나이는 좀 다른 것 같기도 하군."

거북이는 하루살이의 의견을 받아들인다는 뜻으로 말을 하였다.

"그러면 뭐야? 우리는 모두 동갑내기들이군! 안 그래?"

누군가 말을 하자 모두들 하하 웃었다. 그리고 즐겁게 헤어졌다. 그러나 하루살이도 쓰르라미도 뱁새도 그리고 거북이도 각자 돌아가면서 다음과 같은 생각을 마음속에서 아주 지워버리지는 못하였다.

"정말 모르는 것은 없는 것일까?"

우물안 개구리가 바다를 알 수 없는 것은 공간의 구속 때문
이요, 여름 벌레가 얼음을 알 수 없는 것은 시간의 구속 때
문이다.

井蛙不可以語於海者, 拘於虛也, 夏蟲不可以語於氷者, 篤於
時也. ―「秋水」

책갈피를 들추고
나온 장님들

코끼리는 결코 색깔과 형태 따위로
이루어진 동물이 아닐세.
코끼리는 그저 코끼리일 따름이야.

韓나라의 공자公子가 하루는 길을 가다가 대로상
에 퍼질러 앉아 언쟁을 벌이고 있는 세 사람의 맹인盲人을 만
났다. 한 사람은 청맹관靑盲官이라는 사람이요, 한 사람은 눈
이 맞붙어 앞을 못 보는 접안관接眼官이요, 나머지 한 사람은
애당초 두 눈이 없는 무안관無眼官이라는 사람이었다. 이들은
서로 의견이 맞지 않아 때로는 답답하다는 듯이 가슴을 두드려
가며 말을 하고 있었다.

"나는 지금까지 자네들 말이라면 다 믿어왔네. 자네들이 좋
은 것이라면 좋은 것으로 믿었고 나쁜 것이라면 나쁜 것으로
믿었지. 뿐만 아니라 자네들이 둥근 것이라면 나는 만져보지

도 않고 그것을 믿었고 네모진 것이라면 또 그대로 네모진 것이라고 믿어 왔네. 그리하여 우리 세 사람은 아는 것이 늘 같고 생각하는 것이 항상 일치하여 의견을 함께하고 있었지. 우리는 언제나 알고 있는 사실 그대로 말해 왔으니까. 없는 사실을 더 보태서 말하거나 또는 줄여서, 사실 아닌 것을 말한 일이라고는 한번도 없었네. 이것이 우리 장님과 장님 아닌 저들과 다른 점이 아니겠나? 눈을 가진 사람들은 있지도 않은 색깔과 모양새를 가지고 여러 가지 말들을 만들어내고 있지. 그리하여 한 가지 사실을 가지고도 천 갈래 만 갈래로 의견이 갈라져 그것이 마치 여러 개의 사실인 것처럼 생각에 생각을 부풀려가고 있다네. 하나의 사실이 어떻게 두 개 세 개의 사실일 수가 있단 말인가. 이것이 눈 뜬 사람들이 항상 사실을 등지고 엉뚱한 곳만을 더듬어 혼란 속으로 얽혀 들어가는 어리석음일세. 우리 눈 없는 사람들에게는 그런 어리석음이라는 것이 없다네. 그런데 혹시 지금 자네들은 그런 어리석음에 사로잡혀 있는 것이나 아닌지 모르겠군!'

하고 청맹관은 비교적 차분하게 말을 했다. 그러나 접안관은 화가난 듯이 큰소리로 말을 받았다.

"자네야말로 두 눈을 시퍼렇게 뜨고 있으면서 능청스럽게 장님 행세를 해온 것이 아닌지 모르겠군! 우리를 속여오다가 들통이 나니까 딴소리를 하고 있는 것이 아닌가? 그렇지 않고서야 어떻게 그런 말을 할 수 있단 말인가? 나는 자네 말을 믿을 수가 없네. 어리석은 사람은 자네일세."

"도무지 알 수 없는 일이군! 우리는 그 이상한 동물을 방금 함께 구경하고 돌아오는 길이네! 그런데 우리 세 사람은 각자 다른 구경을 한 것처럼 어찌 이렇게 달리 말할 수 있단 말인가? 지금까지 우리는 함께 다니면서 한번도 이런 일은 없었네! 네모진 것이면 함께 네모진 것이었고 둥근 것이면 함께 둥근 것으로 알고 있었지. 네모진 것을 둥근 것이라고 주장하거나 둥근 것을 네모진 것이라고 억지부린 일은 없었네! 그리하여 우리는 항상 서로 말을 함께 믿어왔지. 한번도 우리는 사실 밖의 말을 한 일이 없으니까 말일세! 그러니까 나는 지금도 우리 중에 누가 거짓말을 하고 있다고는 생각할 수 없네! 우리가 어떻게 서로 거짓말을 할 수 있단 말인가? 우리는 모두 자기가 알고 있는 사실을 그대로 말하고 있다는 점만을 믿기로 하세. 그러나 한 가지 이것만은 솔직한 마음으로 돌아가 스스로 인정할 줄 아는 아량을 가질 수 있어야 한다고 보네. 우리가 스스로 알고 있는 사실을 거짓없이 말하고 있는 것은 확실하지만, 다시 말해서 어느 누구도 지금 거짓말을 하고 있지 않다는 것은 분명하지만, 그러나 어쩌면 사실이 아닌 것을 사실로 잘못 알고 있는 것은 아닌가 하는 점일세. 착각이라는 것이 있는 것이니까, 착각은 사실을 잘못 알고 있는 것이지 거짓말은 아닐세. 그러니까 우리들 중에 누군가 잘못 알고 있는 것이라고 보아야 하네. 그렇지 않고서야 동일한 것을 함께 구경하고 와서 이렇게 다른 이야기를 할 수 있겠나?"

하고 무안관은 서로 의견을 존중한다는 생각으로 조심스럽게 이야기했다.

"나는 절대로 착각이 아닐세."

접안관은 소리를 지르듯이 단호하게 말했다.

"나도 잘못 알고 있는 것이 아니네."

청맹관도 말하였다. 직접 손으로 만져보고 일일이 더듬어본 사실이 어떻게 착각일 수가 있느냐는 것이었다.

"나 역시 내가 본 사실을 말하였을 뿐이네. 그리고 착각으로 잘못 알았으리라는 의심을 할 수는 없네"

하고 눈이 없는 무안관도 자기의 주장을 분명히 하였다. 결국 세 사람의 장님은 서로 자기의 주장과 고집을 조금도 굽히지 않았다. 그도 그럴 것이 각자 자기가 알고 있는 사실은 너무나 확실하고 분명한 것들이기 때문이었다. 장님 특유의 예민한 감각으로 확인한 사실이 착각인 환상일 수 있다는 의심을 도저히 할 수가 없었다.

그리하여 세 사람은 끝내 서로 믿지 못하는 사이가 되어버렸다.

며칠 전부터 장안長安 거리에서는 코끼리라는 이상한 동물이 들어왔다고 야단법석이었다. 겨울이 없는 나라, 여름만이 있는 월越나라에서 왔다는 이 기이한 동물은 온 장안을 구경꾼으로 술렁이게 했다.

구경을 하고 돌아온 사람들이 입에서 별의별 맹랑한 소리가 다 나왔다. 어떤 사람은 산山보다 더 큰 짐승이라고 했고 어떤 사람은 십리 만큼이나 긴 코를 둘둘 말아 감고 있어 코끼리라고 한다고도 했다. 그리고 어쩌다 그 코를 번쩍 치켜들고 하늘을 향해 울면 우레소리가 나는데 그 소리를 들은 사람은 모두 귀머거리가 되어 돌아왔다는 소문도 들렸다.

시골에 살고 있던 세 사람의 맹인盲人은 코끼리가 어떤 동물인지 그 소문만을 듣고는 도무지 종잡을 수가 없었다. 한 가지 사실을 곧잘 여러 가지 사실로 부풀려 이야기하는 눈뜬 사람들의 말이란 한 마디도 믿을 것이 못되었다.

그리하여 이 시골의 세 장님은 꼬박 하루 길을 걸어 장안으로 함께 구경을 갔다. 그리고 많은 사람들 틈에 끼여 밀리고 떠밀리면서 그 코끼리라는 기이한 짐승을 직접 구경을 하고 나온 것이었다.

그러나 돌아오는 길에 이야기를 주고받다 보니 구경하고 나온 코끼리의 모습이 모두 달랐다. 그럴 수밖에 없는 것이 한 사람은 엉겁결에 코끼리의 코만 만지고 더듬다가 돌아왔고 한 사람은 몸뚱이를 그리고 한 사람은 다리 하나를 안아보고 있다가 밀려나온 때문이었다.

그러나 그들은 모두 제각기 다른 부분을 만지다가 돌아온 사실을 까맣게 모르고 있었다. 그저 그들의 마음에는 한 마리의 코끼리를 구경하고 나온 사실만이 분명할 뿐이었다. 그런데 참으로 이상한 일이 아닌가? 분명 한 마리의 코끼리를 함께 구경하고 돌아왔는데 지금 이야기를 하다 보니 두 마리 세 마리가 되고 있지 않은가? 하나의 사실이 어떻게 두 가지 세 가지의 사실이 될 수 있단 말인가? 이것은 그들에게 있어서 도저히 용납될 수 없는 일이었다. 그리하여 그들 사이에서는 논쟁이 벌어졌고 논쟁은 싸움으로 번져나가 끝내는 서로 불신하고 각자 자기 주장만을 안은 채 헤어지는 일이 벌어지고 말았던 것이다.

"아뿔싸! 저 광경은 눈 감은 사람의 어리석음이로다!"

세 사람의 장님이 말다툼을 하다가 좋지 않은 얼굴로 뿔뿔이 헤어지는 광경을 지켜보고 있던 한韓나라의 공자는 크게 탄식을 하였다. 그리고 친구가 야속하다는 듯 푸념하면서 아직도 혼자 남아 앉아 있는 장님 무안관無眼官에게로 다가갔다.

"코끼리는 기둥처럼 생기지도 않았고 벽壁처럼 생기지도 않았으며 더구나 구렁이처럼 길게 생기지도 않았습니다. 그러나 잘못은 눈을 못 가진 탓이지 당신이나 어느 누구의 잘못은 아닙니다. 눈을 가진 사람이 보면 어리석기 그지없으나 하늘의 뜻이니 어찌하겠소?"

라고 말을 하고 나서 한공자는 눈뜬 사람과 장님의 차이점을 장황하게 설명하였다. 눈으로 보는 것과 손으로 만져 보고 아는 것은 다르다는 것 그리고 모든 사물과 물건에는 색깔이라는 빛을 가지고 있으며 모양도 모난 것과 둥근 것 이외에 여러 가지 형태를 가지고 있다는 것 그리고 부분과 전체는 다르다는 것 등을 상세하게 이야기해 주었다.

"어서 친구들에게 가시오. 그리고 장님들이 가지는 어쩔 수 없는 어리석음을 일깨워주고 서로 오해를 풀도록 하시오."

한공자는 측은한 생각이 들어 이러한 당부까지를 하였다. 그러나 무안관은 그 말을 듣는 둥 마는 둥 하고 딴전만 부리고 있다가 불쑥 말하였다.

"당신이 바로 그 한나라 공자 말더듬이라는 걸 나는 알고 있네."

한공자는 놀란 나머지 의아한 눈으로 장님의 얼굴을 쳐다보았다. 아무리 보아도 아는 사람은 아니었다.

"당신은 눈으로 보는 것을 모두 믿는 모양이네만, 그래 눈으로 어떤 사실 어떤 진실을 보고 있다는 것인가? 색깔, 모양, 형태 따위를 보는 것이겠지. 그리고 부분과 전체의 차이를 말했던가? 그런 것이 어떻게 실제로 있는 사실일 수가 있는지 알수가 없군. 당신이야말로 우리 친구들보다 더 답답한 사람이라고 할 수밖에 없네. 코끼리는 결코 색깔과 형태 따위로 이루어진 동물이 아닐세. 코끼리는 그저 코끼리일 따름이야. 우리세 친구가 비록 의견을 달리하여 잠시 서로 말이 엇갈리기는 했지만 색깔이나 형상 그런 따위는 아니었네. 형상 모양 빛깔 등등의 것은 낮에만 있고 밤에는 없는 것이니 사실로 있는 것이 아닐세. 당신네들이 생각으로 만들어낸 것에 불과하지. 당신은 눈을 가지고 그러한 형상 색깔 이외에 더 무엇을 볼 수 있던가?"

하고 무안관은 아리송한 말을 남기고는 일어났다. 그리고 친구가 사라진 쪽을 향해 걸어가면서 노래를 부르는 것이었다.

눈이 없는 사람은 그대를 알아보건만
어리석은 사람은 누구인가?
이주離朱는 천리를 내다보는 눈을 가졌으나
현주玄珠를 알아보지 못했고
눈이 없는 상망象罔은 늘 현주와 함께하였네.

한공자는 무안관이 사라질 때까지 어찌할 바를 모르고 그냥
서 있었다. 장자莊子가 어디를 갔다 오는지 당랑螳螂을 한 마리
손바닥 위에 올려놓고 들여다보면서 맹랑한 놈이라고 중얼거
리며 걸어오고 있었다. 그러다가 한공자가 서 있는 것을 보고
는 당랑을 집어던지고 걸어왔다.
"조금 전에 장님 셋이서 히히덕거리며 자네 이야기를 하더
군! 아는 사람이던가?"
한공자는 그때에야 비로소 그 세 사람의 장님이 누구인지를
알았다. 『한비자韓非子』라는 책 속에서 잠을 자고 있던 장님들
이 책갈피를 들추고 살아 나온 것이었다. 『한비자』는 한공자
바로 자신이 쓴 책이었다. 그는 대책 없이 붓을 들어 책을 쓴
것이 한없이 후회스럽기만 했다.
장자가 살려준 당랑이 앞발을 치켜들고 한비자를 향해 눈망
울을 굴리고 있었다. 그놈은 수레바퀴를 밀고 있던 맹랑한 놈
이었다.

마음이 맛에 붙들리면 비록 맛에 통달한 유아兪兒라 할지
라고 참맛을 알지 못하며, 마음이 소리에 붙들린다면 비록
음률에 통달한 사광師曠이라 할지라도 참소리를 알지 못
하고, 마음이 색깔에 붙들린다면 색에 통달한 이주離朱라
하더라도 참 분별을 하지 못한다.

屬其性於五味, 雖通如兪兒, 非吾所謂臧也.
屬其性乎五聲, 雖通如師曠, 非吾所謂聰也.
屬其性乎五色, 雖通如離朱, 非吾所謂明也. ―「駢拇」

열어구는 그렇게 생각한 모양이더군

3+4와 4+3은 동일한 것일 수 없다는 말일세.
동일한 것일 수 없다면 그 수가 둘 다 비록 7이라고는
하더라도 동일한 7일 수는 없네.

혜시가 장자에게 말하였다.

"당신은 저공狙公이 원숭이를 농락하였다고 생각하는가?"

"열어구列禦寇는 그렇게 생각하고 있는 모양이더군!"

하고 장자가 말하였다.

"당신은 그렇게 생각하고 있지 않다는 말인가?"

혜시가 다시 물었다.

"나는 저공이 원숭이를 농락했다고는 생각지 않네!"

장자는 이렇게 말하였다.

저공狙公은 원숭이를 여러 마리 기르고 있는 사람이었다. 하

루는 먹이로 준비한 도토리가 겨울을 나기가 힘들 것 같아 도토리의 양을 줄일 생각으로 그는 원숭이에게 이렇게 말하였다.

"내일부터는 도토리를 아침에 3개 주고, 저녁에는 4개 주려고 한다. 괜찮겠느냐?"

그 말을 듣고 원숭이들은 펄쩍 뛰면서 안된다고 불평을 하였다. 그리하여 저공은 말을 바꾸어 다시 말했다.

"그럼 이렇게 하지. 아침에는 4개 저녁에는 3개를 주도록 하겠다."

원숭이들은 그 말을 듣고 이번에는 불평없이 그 제안을 받아들였다. 이 이야기를 전해 듣고 사람들은 저공을 비난하였다. 하루 먹는 도토리 양은 7개로 동일한 것을, 말을 바꾸어 다른 것처럼 원숭이를 속이고 농락하였다는 것이다. 아무리 짐승이라 하더라도 먹을 것을 가지고 농락하는 것은 잘못이라는 것이다. 지금 혜시와 장자가 주고받는 이야기도 바로 이 저공을 두고 하는 말이었다.

혜시가 장자를 보고 말하였다.

"그렇다면 당신은 아침에 3개 저녁에 4개를 주는 것과 아침에 4개 저녁에 3개를 주는 것이 같지 않다는 말인가?"

"같지 않다고도 할 수 있고 같다고도 할 수 있겠지."

장자가 말하였다.

"무슨 말인가. 분명한 생각을 말해보게."

"수數에 있어서는 같지만 사실에 있어서는 다르다는 말일세."

"그것은 또 무슨 말인가?"

혜시가 다시 물었다.

"도토리는 사실로서 존재하는 것이지만, 수는 사실로서 존재하는 것이 아니란 말일세"

하고 장자가 대답하였다.

"그러면 3+4와 4+3은 모두 7이므로 같은 것이지만 그것에 해당하는 도토리는 그 수가 7이 아닐 수도 있다는 말인가?"

"자네는 어떻게 생각하고 있나?"

"나는 도토리도 마찬가지로 그 수가 7이라고 생각하네"

하고 혜시가 말하였다.

"그렇지, 그 수는 7이지."

장자가 말하였다.

"그렇다면 같은 것이 아니겠는가?"

"무엇이 말인가?"

"사실로서 존재하는 것과 수로서 존재하는 것을 말하고 있는 것일세."

"자네는 같다고 생각하고 있나?"

장자가 물었다.

"당신도 같다고 방금 말하지 않았는가. 도토리도 그 수는 7이라고"

하고 혜시가 대답하였다.

"나는 그 수를 7이라고 했지 도토리가 7이라고 하지는 않았네."

"그 수를 7이라고 한 것은 결국 도토리를 말한 것이 아닌가?"

혜시가 이렇게 말하자 장자는 다시 물었다.

"자네는 도토리를 수라고 생각하나?"

"물론 도토리가 수는 아니지."

혜시의 대답이었다.

"수에 있어서는 같을 수가 있지만 도토리는 수가 아닌 것이므로 같을 수가 없다네."

"그러나 도토리가 수와 무관하게 존재할 수는 없지 않은가?"

혜시의 말이었다.

"수는 어떤가? 수도 도토리와 무관하게 존재할 수 없는 것인가?"

하고 장자가 묻자 혜시가 말하였다.

"수는 다르지. 수는 도토리와 무관하게 수만으로 독립하여 존재할 수가 있지."

그러나 장자가 다시 물었다.

"수가 도토리와 무관하게 존재할 수 있다면 도토리도 수와 무관하네. 도토리로서 존재할 수 있을 것이 아닌가?"

"그렇군. 도토리도 수와 무관하게 존재할 수도 있겠군"

하고 혜시가 말하였다.

"모든 존재하는 사물이 다 그렇게 존재할 수 있지."

"그러나 수로서 사물을 말할 수 있지 않겠나?"

"그렇지. 마찬가지로 사물로서 수를 말할 수도 있겠지."

"그러면 저공은 어떤 경우인가? 수로서 사물을 말한 것인가 사물로서 수를 말한 것인가?"

하고 혜시가 말하였다.

"나는 그가 수로서 사물을 말한 것이라는 생각이 드네. 또는 사물로서 수를 말한 것이라고 해도 상관없겠지. 그것은 결국 같은 말일 테니까. 사람들이 말을 바꿈으로서 원숭이를 농락했다고 저공을 비난하는 것도 그 때문이라고 생각하네. 3+4를 4+3으로 바꾸어도 그 수에 있어서는 달라지는 것이 아니니까"

하고 장자가 말하였다. 그러자 혜시가 다시 말하였다.

"그렇다면 동일한 것을 말을 바꾸어 원숭이를 속인 것은 사실이 아닌가. 사람들이 저공을 비난하는 것은 마땅한 것이겠군."

"나는 그렇게 생각하지 않네"

하고 장자가 말하였다.

"그러면 사람들의 비난이 잘못된 것이란 말인가?"

"원숭이를 속이려고 저공이 말을 바꾼 것이라고는 생각지 않네."

역시 장자의 말이었다.

"그렇다면 왜 저공이 말을 바꾸었다고 생각하는가?"

"동일한 것이라도 말을 바꿈에 따라 기분은 달라질 수도 있는 것이니까. 또 아침 저녁 먹는 식성이 다를 수도 있을 수 있네. 이것은 원숭이만이 그런 것이라고는 생각지 않네. 사람도 그럴 수가 있지. 기분을 달리한다는 것은 이해를 달리하고 있다는 것일 수도 있네."

"그렇다면 무엇인가. 원숭이도 3+4와 4+3은 결국 같은 것이라는 것을 알고 있었다는 말인가?"

"나는 원숭이가 그것까지를 알고 있다고 말하지 않았네."

"그러나 자네는 그 말을 한 것이나 다름없네. 왜냐하면 저공이 원숭이를 속이려고 말을 바꾼 것이 아니라면 그리고 자네 말대로 동일한 것이라도 기분을 달리할 수 있기 때문이라고 한다면 원숭이도 저공과 같이 3+4와 4+3이 동일하다는 것을 알고 있다고 해야만 하기 때문일세. 그렇지 않다면 저공은 원숭이를 농락했다는 비난을 면하기는 힘든 것이라고 보네. 그러나 과연 원숭이가 3+4와 4+3 즉 수의 동일성을 알 수 있을까 하는 것일세."

"자네는 어떻게 생각하나? 알 수 있다고 보는가?"
하고 장자가 물었다.

"나는 원숭이가 비록 영리하기는 하나 수개념을 알 수 있는 지혜까지를 가지고 있다고는 생각지 않네."

혜시의 말이었다.

장자도 혜시와 같은 생각이라고 하였다.

"그렇다면 지금까지의 자네의 말은 뒤집어지는 것이 아닌가?"

"그렇지 않네. 내 말은 하나도 달라질 것이 없네."

그러자 혜시가 말하였다.

"원숭이가 수개념을 알지 못한다면 즉 3+4와 4+3이 동일하다는 것을 알지 못한다면 결국 저공이 말을 바꾼 것은 원숭이의 몽매성을 농락한 것이 되지 않을 수 없기 때문일세."

"아까도 말했지만 저공은 원숭이를 속이거나 농락하려고 말을 바꾼 것이 아닐 것이라는 생각에는 변함이 없네."

장자는 이렇게 말하였다.

"물론 나도 저공이 악의적으로 원숭이를 농락하려고 말을 바꾸었으리라고는 생각지 않네. 모자라는 먹이를 줄이려는 순수한 목적이었을 테니까. 그러나 결국은 원숭이가 그 말에 속아넘어간 것이 아닌가? 저공은 원숭이가 수개념에 무지함을 이용한 것이구 말일세."

"나는 그렇게 생각하지 않네. 저공이 원숭이의 무지를 이용한 것도 원숭이가 저공의 술수에 넘어간 것도 아니라고 생각하네. 왜냐하면 그것은 수개념은 인간에게만 있고 원숭이에게는 없는 때문이라고 할 수 있네."

"무슨 말을 하고 있는 것인가. 오히려 그 때문에 저공이 원숭이를 농락하고 속이는 결과를 가져오게 한 것이 아닌가?"

"그렇지 않네. 그것은 순전히 수개념으로서 존재하는 것과 사실로서 존재하는 것의 혼동에서 온 결과라고 생각하네. 수개념에 있어서는 같은 것이 있을 수 있지만 사실로서 존재하는 것에는 같은 것이 있을 수 없기 때문이지. 그러므로 저공에게는 3+4와 4+3이 같은 것일 수 있지만 수개념이 없는 원숭이에게는 같은 것일 수 없네. 3+4를 4+3으로 바꾸어도 그 수에 있어서는 달라지는 것이 없지만 그것이 수개념이 아닌 사실적 존재로서의 도토리는 달라진다는 말이네. 그러므로 저공은 수로서 같은 것을 바꾸어 말한 것일지 모르지만 원숭이에게서는 같은 것을 바꾼 것이 아니라 다른 사실로서 마주서는 것이라네. 원숭이로서는 결코 속아넘어가거나 농락 당한 것이 아니라는 것이네."

"그렇지만 저공은 원숭이의 무지를 이용하여 목적을 달성한 것이라고 보아야 하지 않겠는가?"

혜시의 말을 듣고 장자는 다시 이렇게 말하였다.

"꼭 그래야만 한다면 그렇게 생각해도 상관은 없겠지. 문제가 달라지는 것은 아니니까. 다만 저공이 원숭이를 농락하려고 그러한 것이라고만 하지 않는다면. 그러나 원숭이의 무지를 이용했다고만 할 것이 아니라 아까도 말했지만 동일한 것이라도 말을 바꿈으로써 기분을 달리할 수도 있다는 생각에서 그리 했을 수도 있네. 그리하면 저공을 비난할 소지도 훨씬 줄어들지 않겠나?"

"그 말을 자네는 지금 두번씩이나 하고 있네. 그러나 그것은 수의 동일성을 흔들어 놓는 결과를 가져올 수 있네."

장자는 혜시의 말에 더 끌려 들어가지 않기 위해서 다음과 같은 말을 하였다.

"그렇게 너무 말꼬리를 물고 늘어지지 말게. 나는 그저 저공이 원숭이를 속이거나 농락하려고 말을 바꾼 것이 아닐 수 있다는 이야기를 하려는 것뿐이었네."

그러나 혜시는 장자의 의도를 받아들이지 않았다.

"그렇지 않네. 자네는 말을 피하지 말게. 이것은 실로 중대한 문제일 수도 있네."

"그러지 그럼. 말을 해보게. 무엇이 문제란 말인가?"

"동일성에 관한 것인데……"

하고 혜시가 말을 시작했다. 그러나 장자가 중도에서 그의 말을 끊었다.

"알겠네. 그러니까 자네는 지금 우리가 전에 주고받았던 호수濠水강의 물고기를 다시 이야기하려는 모양이군. 그러나 그것과는 다른 문제라고 나는 생각하네."

"물론 이번은 수數의 동일성을 말하고 있는만큼 다르다고 할 수도 있네"

하고 혜시가 말하였다.

"그렇다면 무엇이 문제란 말인가?"

장자가 이렇게 묻자 혜시가 다시 말을 하기 시작했다.

"지난번에 우리는 동일성을 부정했지. 물고기와 사람 그리고 사람과 사람의 생각까지도 그 어느 것 하나 같은 것은 없다. 그 어떤 존재자끼리도 동일성을 가지고 존재할 수는 없다. 우리는 이런 결론으로 이끌어갔지. 공자가 헛수고를 한 것은 동일성이 존재한다는 믿음 때문이었다는 말도 하지 않았는가.

그런데 지금 그 동일성의 존재를 수로서 말하고 있네. 3+4와 4+3은 그 수에 있어서 모두 7이라는 동일성을 가진다는 것 말일세. 그 동일성 앞에 원숭이가 단지 기분을 달리할 수도 있을 것이라고 했네. 그것이 원숭만 그런 것이 아니라 사람도 그럴 것이라는 말까지 했지."

"그랬지. 그런 말을 했지"

하고 장자는 말을 받았다.

"그런데 그 수의 동일성이 유지될 수 있는가 하는 점일세. 우리는 앞에서 원숭이가 수개념을 가지고 있지 않을 것이라고 했네. 그러므로 원숭이에게는 같은 것이 있을 수 없다고 했지. 그에게는 수개념은 없고 오직 사실개념만 있을 뿐이니까 동일성은 수개념에서만 있을 수 있다고 하지 않았는가. 사실세계에서는 동일성이 있을 수 없다는 것이 지난번 강가에서 우리가 주고받은 결론이 아니겠나. 그러나 수의 동일성도 사실과 관계할 때는 그대로 유지될 수 있는가 하는 점이네. 만약 유지되지 않는다면 그 수의 동일성은 하나도 중요한 것이 아닐 수 있네."

혜시는 정말 장자의 말대로 꼬리를 물고늘어질 모양이었다. 장자는 혜시의 말을 가만히 듣고만 있었다. 혜시가 다시 말을 계속했다.

"나는 수의 동일성도 지난번 강가에서 물고기에 대해 자네와 주고받던 것과 다른 문제라고는 생각하지 않네. 도토리 7개라는 수개념을 가지고 동일성을 말하지만 말을 바꿈으로써 기분을 달리할 수 있는 것이라면 3+4와 4+3은 동일한 것일 수 없다는 말일세. 동일한 것일 수 없다면 그 수가 둘 다 비록 7이라고는 하더라도 동일한 7일 수는 없네. 말하자면 수의 동일성은 유지될 수 없다는 것이네."

혜시의 말이 끝났음에도 불구하고 장자는 여전히 말이 없었다. 그는 하늘을 쳐다보고 있었다. 떠가는 구름 한 점이 한가롭다는 생각을 하고 있었다. 얼마를 그러고 있다가 장자는 혜시를 향해 천천히 입을 열었다.

"지난번 강가에서 우리는 이런 결론을 내렸네. 이 세상에는 아무것도 명확한 결론을 내릴 수 있는 것이 없다고 말일세. 그런데 지금 자네는 나한테 또 그 결론을 내리라고 요구하고 있는 것 같군. 명확하고도 분명한 결론을 말일세. 이를테면 누구에게나 인정되고 동의할 수 있는 진리를 요구하고 있는 셈이지. 그것을 사람들은 보편 또는 절대 진리라고 하더군. 보편 절대화라는 것이 무엇인가. 그것이 동일성의 확보를 말하고 있는 것이 아니겠나. 법칙, 원리, 근원, 원인, 결과, 인과율 말일세. 그리고 선악 시비, 진위 같은 것들까지도 동일성을 기반으로 하는 어떤 기준 위에서 성립하는 것들이 아니겠나. 그것을 지금 자네는 나한테 요구하고 있네. 물론 자네는 아니라고 하겠지만 오히려 동일성에 빠져들고 있는 것은 내가 아니라 자네 자신이라는 생각을 하게 되네. 내게 분명한 대답을 요구하고 있는 것이 무엇인가. 명확한 결론 아닌가. 누구에게 명확한 결론이란 말인가. 그 결론이란 설혹 나는 빼어 놓는다 하더라도 자네에게는 물론 다른 모든 사람에게도 인정하고 수긍할 수 있는 합당한 결론을 말하는 것이 아닌가. 그런 결론, 다시 말해 명확한 결론이란 곧 동일성을 확보한 결론이 아닐 수 없네. 그것을 자네는 지금 나에게 강요하고 있네. 3+4와 4+3은 비록 그 수가 둘 다 7이라 하더라도 동일한 것일 수 없다는 자네의 말을 부정할 생각은 없네. 완전히 동일한 것이라면 두 가지로 말하는 것부터가 있을 수 없는 일일 테니까 말일세. 그리고 둘 다 그 수가 7이라는 것, 그래서 같다는 것을 모르는, 즉 수개념이 없는 원숭이에게 왜 동일성이 문제가 되어 시비를 벌여야 하는지에 대해서도 나는 굳이 변론을 늘어놓고 싶은 생각이 없네. 그러나 이것 한 가지는 말해 두기로 하지. 우리가 지금 하고 있는 말의 시작은 조삼모사朝三暮四에 대한 이야기가 아니겠나? 나는 열자列子의 생각이 틀렸다고도 말하지 않았네. 그리고 내 생각이 옳다는 주장도 결코 한 일이 없다는 것이네. 그러니까 저공이 원숭이를 농락했다느니 농락하지 않았다느니 하는 것은 실은 논쟁 밖의 문제라는 것일세. 동일성의 문제도 마찬가지일 수 있네. 우리는 모든 것을 그저 생각할 뿐 어떤 결론을 내리는 일은 유보할 수밖에 없다는 것을 알기 때문이지. 그렇지 않은가. 우리가 토론을 늘 이렇게 끝낼 수밖에 없는 것이군. 시비를 분명히 하려는 공자 같은 용기는 우리에게 없단 말이네. 그것이야말로 얼마나 다행한 일이겠는가!"

三
四

저공이 도토리를 주면서 말하였다
"아침에는 3개 저녁에는 4개를 주도록 하겠다"
그러자 원숭이들이 화를 냈다.
"그러면 아침에 4개 저녁에는 3개를 주도록 하지."
그러자 원숭이들이 모두 기뻐했다.

狙公賦芧曰, 朝三而暮四, 衆狙皆怒, 曰然則朝四而暮三, 衆
狙皆悅. —「齊物論」

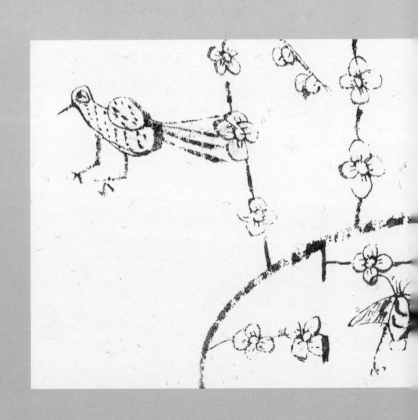

매미를 불러서 잡는 사람

네 사람의 친구들
그들을 피하였다
매미를 불러서 잡는 사람
이후로 장자는 엉뚱한 생각을 하게 되고
아내의 시신을 타고 앉아 장자는 물동이를 두드리고
어쩔 수 없는 인간의 멍에
공손룡이 돌아오고 있었고
작룬공은 가고 없고 수레바퀴만 덩그러니
물 긷는 노인

네 사람의 친구들

병이 점점 더하여 나의 왼팔이 닭으로 변한다면
날이 밝아오는 새벽을 알릴 것이요,
병이 더하여 오른팔이 활로 변한다면
살을 먹여 올빼미를 잡을 것이요……

자사子祀와 자여子輿와 자리子犁와 자래子來가 우연
히 한자리에 모였다.

"누가 무無를 머리로 하고 생生을 몸통으로 삼고 사死를 엉
덩이로 삼아 살아갈 사람이 있는가? 누가 삶과 죽음, 있고 없
음을 하나로 알고 있는 사람이 있는가? 그런 사람이 있으면 내
그와 더불어 벗을 삼으리라."

누군가 이렇게 말을 하자 네 사람은 서로 바라보고 웃고, 그
리고는 친구가 되었다. 말 없이도 마음이 오고 가고 하였던 것

이다.

하루는 갑자기 자여가 병이 들어 위독하다는 말을 듣고 자사가 병문안을 갔다. 자여가 자사를 보더니 이렇게 말하였다.

"오호! 하늘이여. 그가 내 몸을 이렇게 만드는구려. 장차 어찌 되려는가?"

자사가 살펴보니 그의 등은 불쑥 튀어나오고 오장五臟은 위로 올라가 붙고 턱은 배꼽을 가리고 어깨가 머리 위로 올라가고 목덜미는 하늘을 향하고 있었다. 몸 속의 기는 음양을 잃고 어지러워졌으나 마음만은 흐트러지지 않고 고요하여 그에게는 아무 일도 일어나지 않는 것 같았다.

그는 비틀거리며 우물가로 가더니 자기 모습을 물에 비추어 보면서 또 말하였다.

"오호! 하늘이여. 장차 나를 어찌 하려는고? 몸을 비틀어 무엇을 만들려는고?"

자사가 그에게로 다가가서 말하였다.

"그대는 그렇게 되는 것이 싫은가? 두려운가?"

자사의 말을 듣고 자여가 돌아보며 말하였다.

"내가 어찌 싫어하겠는가? 병이 점점 더하여 나의 왼팔이 닭으로 변한다면 날이 밝아오는 새벽을 알릴 것이요, 병이 더하여 오른팔이 활로 변한다면 살을 먹여 올빼미를 잡을 것이요, 병이 더하여 궁둥이가 수레바퀴가 되고, 마음이 말이 된다면 이것을 타고 다닐 수 있을 것이니 달리 무슨 수레가 필요하겠는가? 사람이 태어나는 것은 올 때가 되어서 오는 것이요 죽어

가는 것은 갈 때가 되어 가는 것이니, 그때를 평안히 하고 오고 가는 일에 몸을 맡기면 슬픔도 기쁨도 끼여들 틈이 없을 것이네. 이것을 일러 현해懸解라고 한다네. 인간이 삶의 속박에서 풀려나지 못하고 있는 것은 외부의 사물에 매달려 있기 때문이라네. 이제 바깥 사물을 놓으려 하거늘 내가 왜 그것을 싫어하겠는가?"

얼마 후 이번에는 자래가 병이 들었다. 자리가 문병을 가서 보니 그는 숨을 가쁘게 몰아 쉬고 숨을 거두려 하고 있었다. 처자식들이 둘러앉아 슬퍼하며 울고 있었다. 자리가 울고 있는 가족들에게 말하였다.

"저리들 물러가 있으라. 죽음으로 가는 길을 방해하지 말라."

가족을 물러서게 하고는 자리가 다가가 그를 보면서 말하였다.

"조화란 참으로 위대한 것이로군. 하늘은 지금 자네를 무엇으로 변하게 하려는가? 어디로 데려가려고 하는가? 쥐鼠의 간으로 만들려는가, 벌레의 다리를 만들려는가?"

그 말을 듣고 다 죽어가던 자래가 대답을 했다.

"부모가 시키면 자식은 동서남북 그 어느 곳을 가리지 않고 명을 따른다. 하물며 하늘이 시키는 일을 따르지 않으면 되겠는가. 하늘이 지금 나를 데려가려 하는데 죽지 않으려고 그 명을 따르지 않는다면 나만 비겁한 겁쟁이가 될 것이요, 하늘이야 무엇이 달라지겠는가. 육신을 가지고 태어나 일을 하게 하고 늙어서 평안하게 하더니 이제 죽음으로 나를 쉬게 하려고 하네. 삶을 좋다고 했으면 죽음도 좋다고 해야 할 것이네. 대장장이가 쇠를 녹여 칼을 만들려고 하는데 쇠가 용광로에서 뛰어나와 '나는 막야鏌鋣가 되겠다'라고 소리를 지르며 날뛴다면 대장장이는 반드시 불길한 쇠붙이라고 돌려놓을 것이네. 이제 내가 한번 사람의 형체를 가지고 태어나서 '나는 사람으로만 있겠다. 사람으로만 있겠다' 하면서 죽지 않으려 한다면 하늘은 반드시 불길한 놈이라고 생각할 것이네. 하늘과 땅을 큰 용광로라고 생각하고 조화자造化者를 훌륭한 대장장이라고 생각한다면 어디로 가서 무엇이 된들 무슨 상관이 있겠는가."

자래는 조용히 잠들어 세상 꿈을 꾸다가 홀연히 깨어나 죽음의 세계로 들어갔다.

懸解

누가 無를 머리로 하고, 生을 척추로 하고, 死를 엉덩이로
삼을 수 있겠는가? 누가 죽고 삶, 있음과 없음이 하나임을
아는 사람이 있겠는가? 내 그와 더불어 벗이 되리라.

孰能以無爲首, 以生爲脊, 以死爲尻, 孰知死生存亡之一體者,
吾與之友矣. —「大宗師」

곱사등이에다 언청이요, 한 사람은 옹기만한 혹을 목에
두 개나 달고 있었네. 그리고 또 한 사람은 오장이 모두 위로
올라가 붙어 있었고 사지가 하나도 제 곳에 달려 있는 것이 없었네.
그러나 그들은 그것을 하늘이 내려준 복이라 하면서
모두 즐거워하고 있었다네.

지리지리무순闉跂支離無脣은 꼽추에다 입술이 찢어
져 이가 겉에까지 드러나 있는 언청이요, 옹앙대영甕盎大癭은
목에 옹기만한 혹을 두 개나 달고 있는 불구자였다. 하루는 두
사람이 만나 즐겁게 대화를 나누고 있는데 지리소支離疎가 찾
아왔다.

"무슨 이야기를 하고 있는가. 좋은 일들이 있는 모양이군."

지리소는 턱이 배꼽 아래에 와 달렸고 어깨는 머리 위까지
올라가고 두 다리가 옆구리에 붙어 있는 불구자였다.

"우리처럼 큰 복을 가지고 태어난 사람도 없다는 이야기를
하고 있었네. 자네는 그렇게 생각하지 않는가?"

무순이 지리소를 보고 말하였다.

"지금 이곳으로 오면서 팔 다리가 온전한 사람들은 모두 전쟁터로 끌려가고 있는 것을 보았네. 그 앞을 활개치며 지나오는데 다들 나를 부러운 마음으로 쳐다보더군."

지리소는 이렇게 말하면서 자기 몸을 돌아보고 흡족해 하였다. 대영이 옆에 있다가 말하였다.

"전쟁터에 나가면 열에 아홉은 죽어서 싸늘한 시체로 돌아올 걸세. 이번 전쟁은 쉬 끝나지 않을 모양이더군. 우리야 무슨 걱정이겠나?"

그는 혹에 난 사마귀를 손톱으로 뜯어내면서 돌아보지도 않았다. 무순이 다시 말하였다.

"사람들은 나를 언청이라고 비난하고 있지만, 말이란 입에서 나오는 대로 다 쏟아 놓으면 화를 당하는 법이라네. 나는 하는 말이 대부분 옆으로 새고 있지만 그 때문에 말로 인해 화를 입는 일은 없다네. 어찌 복이 아닐 수 있겠는가?"

무순의 드러난 이 사이로 새는 말소리가 바람소리처럼 들렸다. 그 말을 듣고 지리소가 말하였다.

"군인으로 싸움터에 끌려가지도 않고, 성을 쌓는 나라의 역사役事에 동원되는 일도 없지. 그뿐인가. 흉년에는 구휼미와 땔감을 제일 먼저 받을 수 있고, 평상시에는 키질을 하여 쌀을 골라낼 수 있고, 신발을 꿰매고 옷을 빠는 일로 품삯을 받아 열 식구를 먹여 살리는 데 부족함이 없네. 전쟁에도 해를 입지 않고 흉년에도 굶어 죽는 일이 없어 천명을 다할 수가 있으니 어찌 복이라 하지 않을 수 있겠는가?"

지리소의 말을 듣고 이번에는 대영이 말하였다.

"우리가 천명을 보전할 수 있는 것은 불구로 태어난 때문일세. 육체가 온전하지 못한 것만으로도 생명의 위해를 받지 않고 살아갈 수 있거늘, 덕이 온전하지 못한 사람은 무엇인들 보전할 수 없겠는가?"

무순과 대영과 지리소는 서로의 얼굴을 바라보면서 모두들 흡족해 하고 있었다. 그들은 자신들이 불구자라는 생각은 조금도 하지 않았다.

숙산무지叔山無趾가 지나다가 그들을 보았다.

"그대들은 불구의 몸으로 어찌 그리도 즐거운 마음을 가질 수 있단 말인가?"

그러나 무순과 대영과 지리소는 무지의 말을 듣지 못한 듯 아무 대답도 하지 않았다.

무지가 그냥 지나가려 하자 그때에야 비로소 지리소가 아는 체를 하였다.

"그대는 온전한 다리 하나를 잘린 모양이군. 그것을 부끄러워하고 있는 것인가?"

무지는 다시 돌아와 앉으며 말하였다.

"살아가는 도리를 알지 못하고 경솔하게 처신하다가 형벌을 받아 이렇게 다리 하나를 잘렸네. 처음에는 부끄러워 나다니지 못하였으나, 세상에는 다리보다 더 소중한 것이 있다고 하여 찾아다니는 길이라네."

그러자 이번에는 무순이 물었다.

"그래 누구를 찾아보았는가?"

"노나라 공구가 덕이 있다하여 찾아갔으나 나보다 더 큰 근심을 얼굴에 담고 있길래 실망을 하고 돌아오고 말았네."

무지가 공자를 만나 가르침을 받으려 하였으나 나라에 죄를 짓고 다리를 잘렸으니 자기인들 어찌 하겠느냐고 하였다. 무지가 화를 내고 돌아서자 공자는 곧 뉘우치고 그를 붙들었으나 뿌리치고 나왔던 것이다.

"공구는 무슨 근심이 그리 많다고 하던가?"

"덕德이 세상에 퍼지지 않음을 근심하고 있었네."

그러나 무지가 보기에 그는 천하를 구하려는 헛된 욕망에 사로잡혀 있는 것 같았다.

지금까지 가만히 듣고만 있던 대영이 말하였다.

"자네는 사지가 온전함을 자랑하다가 다리 하나를 잘렸는데, 공구는 덕이 온전함을 자랑하는 사람이니 무엇인들 잃어버리지 않겠는가? 그의 근심을 알 만하네. 자네의 다리 따위는 보이지 않았을 것일세."

그는 혹에서 뜯어낸 사마귀 껍질을 개미에게 던져주고 있었다. 개미가 그것을 물고 뺏길까 부지런히 도망을 치고 있었다. 그것을 보고 목에 달린 혹이 흔들릴 정도로 그는 키득키득 웃어댔다.

숙산무지가 그들과 헤어져 노자를 찾아갔다. 그곳에는 신도가申徒嘉와 왕태王駘가 와 있었다. 두 사람 모두 무지처럼 형벌을 받아 한 사람은 멀쩡한 다리 하나를 잘리고 또 한 사람은 발뒷꿈치가 깎여나간 사람이었다.

"그대는 어디를 갔다 오길래 그리도 즐거운 표정을 짓고 있는 것인가?"

신도가가 무지를 보고 이렇게 말하였다. 그는 정자산鄭子産과 함께 백혼무인伯昏無人을 스승으로 모시고 근심을 잊고 살아가는 사람이었는데, 오늘은 스승이 출타하여 돌아오지 않는다기에 노자를 만나 가르침을 받으러 와 있었던 것이다.

"오는 길에 나보다 더 심한 불구자들을 거리에서 만났네. 곱사등이에다 언청이요, 한 사람은 옹기만한 혹을 목에 두 개나 달고 있었네. 그리고 또 한 사람은 오장이 모두 위로 올라가 붙어 있었고 사지가 하나도 제 곳에 달려 있는 것이 없었네. 그러나 그들은 그것을 하늘이 내려준 복이라 하면서 모두 즐거워하고 있었다네."

무지의 말을 듣고 옆에 있던 왕태가 말하였다.

"하늘이 내린 벌이 아니라 복이라 했단 말인가?"

그는 나라에 끌려가 발뒷꿈치를 잘렸으나 근신을 하여 지금은 많은 사람들의 존경을 받고 있는 사람이었다. 그가 훌륭한 사람이라는 것이 공자에게까지 알려지자, 그의 제자 상계常季가 오늘 왕태를 찾아온다 하였다. 왕태는 그를 만나지 않으려고 일부러 노자에게 와 있었던 것이다.

숙산무지가 말하였다.

"그들은 하늘이 내려준 것이니 복이라 하지 않을 수 없고, 자네들과 나는 사람이 가한 것이니 벌이라 하지 않을 수 없네. 사지를 온전하게 태어나고도 그것을 하늘의 복인 줄 알지 못하고 몸을 함부로 처신하다가 이리 되었으니, 이제 비록 근신하고 덕을 쌓아 사람의 존경을 받는다한들 저들의 즐거움을 따라갈 수야 있겠는가?"

그러자 지금까지 듣고만 있던 노자가 말하였다.

"무지가 많이 배웠구나. 덕을 쌓아가지 말고 덕을 버리도록 하라. 상계가 왕태를 자기 스승인 공자와 비교하려 하는 것은 많은 사람의 존경을 받고 있기 때문이요 신도가가 자산을 감화시킨 것은 덕을 내세웠기 때문이니, 덕은 존경을 낳고 존경은 시기심을 낳고 시기심은 미움을 낳고 미움은 해침을 낳아 천명을 다할 수 없게 된다. 무지가 거리에서 만난 세 사람이 불구자이면서도 즐겁게 살아갈 수 있는 것은 덕을 버렸기 때문이다. 누가 그 즐거움을 흉내낼 수 있겠는가?"

숙산무지와 왕태와 신도가는 노자에게서 물러나 밖으로 나왔다. 그때 공자 일행이 저만큼 지나가고 있었다. 세 사람은 서둘러 발걸음을 옮겨 그들을 피하였다.

大道

덕이 있으면 몸의 형체 따위는 잊게 되는 것이다. 사람들은
잊어야 할 것은 잊지 않고, 잊지 않아야 할 것은 잊어버린다.

德有所長, 而形有所忘, 人不忘其所忘, 而忘其所不忘.
—「德充符」

매미를 불러서 잡는 사람

땅에서 흙덩이를 줍듯 매미를 잡고 있다고 하였네.
팔을 뻗으면 바로 마른 나뭇가지 같이 되고
마음은 죽은 재같이 싸늘하여
매미가 그를 사람으로 보지 않는다고 하더군.

나비꿈을 꾸고 난 장자는 창 밖의 하늘을 바라보면서 넋나간 사람처럼 앉아 있었다. 그때 혜시가 찾아왔다. 그러나 그가 오는 줄도 모르고 장자는 그대로 앉아 있었다.

"남곽자기의 흉내를 내고 있는 것인가. 지금 자네의 모습은 무엇인가. 몸은 마른 나뭇가지 같고 마음은 죽은 재 같지 않은가?"

그때서야 장자는 혜시가 온 것을 알고 돌아앉으며 말하였다.

"그렇게 보였는가? 이상하군, 나는 지금 마음이 혼란스러워 잠시 정신을 잃고 있었네."

"무엇이 자네를 그렇게 혼란스럽게 했단 말인가?"

혜시가 묻자 장자는 말을 하지 않았다. 혜시가 다시 물었다.

"무슨 일이 있었는가? 지금 자네는 옛날의 자네가 아니로 군!"

그때에야 장자는 비로소 입을 열었다.

"꿈을 꾸었네."

그러나 아직도 장자는 평상시의 표정이 아니었다.

"무슨 꿈인데 그토록 혼란스럽단 말인가?"

"꿈과 현실은 구분할 수 있는 것인가?"

장자는 이렇게 물었다. 혜시는 그 말이 좀 의외라는 생각을 하면서 말하였다.

"꿈은 잠을 자는 동안 잠시 마음이 몸을 떠나 노니는 것이 아니겠는가?"

"그럼 현실은 무엇인가?"

"그야 자네와 내가 이야기하고 있는 지금이 현실이지."

그러나 장자는 한참이나 있다가 또 이렇게 말하였다.

"꿈은 현실이 아니군."

"물론이지 현실은 꿈이 아니지."

장자가 다시 말하였다.

"나는 조금 전에 꿈을 꾸었네. 한 마리 호랑나비가 되어 산천을 날아다니다가 깨어났네. 깨어나서 보니 나는 호랑나비가 아니고 장주였네."

"길몽인 것 같군"

하고 혜시가 말하였다.

"길몽이라구?"

"하늘을 날 수 있다는 것은 좋은 일 아닌가?"

그러자 장자가 말하였다.

"호랑나비가 날고 있었던 것이요, 장주가 날고 있었던 것이 아니었네."

"꿈속의 호랑나비가 바로 장주가 아니겠는가?"

"그러나 지금 호랑나비가 꿈을 꾸고 있는 것이라면 현실은 달라질 수도 있지 않겠는가?"

"아마 지금 우리가 앉아 있는 것이 꿈이라 할 수도 있겠지. 그러나 그것은 한낱 생각일 뿐일세."

"생각은 사실이 아닌가?"

"물론 자네가 지금 생각한다는 것 자체는 사실일 수가 있지. 무엇을 생각하느냐가 문제가 아니겠는가?"

장자는 한참이나 생각을 하고 있다가 이렇게 말하였다.

"꿈은 그 무엇이라는 것에 해당하는 것인가?"

"나는 그렇다고 생각하네."

혜시가 말하였다.

"그럼 꿈은 내가 생각하는 것과는 별개로 있을 수도 있겠군."

혜시는 잠시 입을 다물고 말을 하지 않았다. 아무래도 대화가 좀 엉뚱한 곳으로 흘러가고 있다는 생각이 들었기 때문이었다. 장자가 다시 말하였다.

"호랑나비가 나와는 전혀 상관없는 것일 수도 있겠군."

"그렇지는 않네. 자네가 꿈을 꾼 것이니까"
하고 혜시가 말하였다.

"그러나 호랑나비와 장주는 분명히 다른 것이 아니겠는가?"

"물론 호랑나비와 장주는 다르지. 그러나 하나는 꿈속의 일이고 하나는 현실의 일일세."

"그렇군. 그러니까 다르군, 이제야 혼란스럽던 안개가 좀 벗어지는 것 같군."

"무슨 말을 하고 있는 것인가?"

"장주와 호랑나비는 분명히 다르다는 것을 말이네."

그러나 혜시는 장자의 말을 이해할 수가 없어 이렇게 물었다.

"그것이 왜 자네를 혼란스럽게 했다는 것인가?"

"나는 그것을 모르고 있었거든."

"모르고 있었다니 무엇을 말인가?"

"호랑나비와 장주를 혼동하고 있었다는 것이네. 그래서 나는 그것을 장주 또는 호랑나비 그 어느 하나로 통일시키려고 하고 있었네."

혜시는 무슨 말을 하려다가 그때 갑자기 장자가 일어나고 있었으므로 더는 말을 하지 않았다. 장자는 마당으로 나왔다. 혜시도 따라 나왔다. 쓰러져가는 울타리 사이로 들꽃 하나가 삐져나와 피어 있었다. 그곳에 앉아 있던 호랑나비가 마당 한복판을 지나 하늘을 날고 있었다.

"자네가 저렇게 날았겠군."

혜시가 이렇게 말하였다. 장자는 말없이 혜시의 얼굴을 쳐다 보았다.

"아니 꿈속에서 말일세"

하고 혜시는 얼른 말을 고쳤다.

혜시가 돌아간 후 장자는 아내에게 말하였다.

"당신도 자다가 꿈을 꾸는가?"

아내는 들은 척도 않고 하던 일만 계속하고 있었다.

"꿈을 꾸느냐고 묻고 있지 않은가?"

장자는 다시 물었다.

"살아가는 인생이 다 꿈이라면서, 무슨 꿈타령인지 모르겠 군."

아내는 돌아보지도 않고 시큰둥하게 말하였다.

"그렇군! 이 인생은 누가 꾸는 꿈인가?"

장자는 혼잣말처럼 말하였다.

"그거야. 거드름 피우고 있는 어느 부자 놈의 꿈이겠지. 그 걸 알아 뭘 한담."

아내는 죽을 끓이려고 피 한줌을 들고 장난처럼 맷돌질을 하 고 있었다. 장자는 아내의 모습을 바라보면서 말이 없었다.

이튿날 혜시는 다시 장자를 만났다.

"어제는 자네가 정말 남곽자기처럼 보였네. 그런데 혼란스 러웠다고 자네는 말하지 않았는가?"

"그랬지"

하고 장자가 말하였다.

"이상한 일이로군!"

"무엇이 말인가?"

"혼란스러워도 몸과 마음이 그리 될 수가 있는가?"

"몸은 마른 나뭇가지 같고 마음은 죽은 재처럼 보였다는 것을 말하는 것인가?"

"그렇다네. 자네가 비록 꿈을 꾸고 잠시 혼란스러워 넋을 잃고 있었다고는 하나 남곽자기가 짝을 잃고 있었던 것과 무엇이 다르겠는가?"

"잠시 상아喪我에 이른 것 같다고 할 수도 있겠지. 그러나 한번 눈을 감아보고 어찌 장님의 세계를 알 수 있다고 하겠는가?"

"그럼 남곽자기가 짝을 잃고 있었던 것은 무엇이라고 생각하는가."

"그는 자유子游에게 천뢰악을 이야기했다고 들었네."

장자는 이렇게 말을 하면서 천뢰악을 생각하고 있었다.

"어제 말을 하려다 그만 두었네만, 어느 하나로 통일시키려는 혼란 속에 빠져들었다가 그 안개로부터 벗어났다고 한 것은 무슨 뜻이었나?"

"호랑나비는 장주일 수가 없고 장주는 호랑나비일 수 없다는 것이었네."

혜시는 다시 물었다.

"남곽자기가 말했다는 천뢰악은 무엇이었는가?"

장자는 또 이렇게 말하였다.

"소문昭文과 사광師曠이 어떤 혼란을 겪었는지는 알 수가 없네."

"그들은 소리를 하나로 통일시키려는 혼란에 빠져 있었는가?"

"나는 음악을 잘 모르네. 한 사람은 지음知音을 했고 한 사람은 득음得音을 했다는 것만 알고 있네."

"자네는 꿈과 현실을 하나로 하려 했단 말인가?"

"자네가 돌아간 다음 나는 아내에게 꿈을 꾸느냐고 물었네."

"그랬더니 무어라고 하던가?"

"무슨 꿈타령인가 하더군. 그리고 누구의 꿈인가를 알아 무엇하느냐고 하더군."

그러나 혜시는 더 묻지 않았다.

혜시는 장자와 헤어져 돌아오는 길에서 자유를 만났다. 그는 남곽자기의 제자였다.

"그대는 천뢰악을 들어본 일이 있는가?"

하고 혜시가 물었다.

"나는 아직 그것을 들을 만큼 귀가 열리지 않았네."

"그대의 스승이 가르쳐주지 않았단 말인가?"

자유는 한참이나 있다가 말하였다.

"그것은 가르쳐서 아는 것이 아니라고 하였네."

"그러면 그것을 들을 수 있는 사람은 없는가?"

"선생님은 이따금 구루자痀傻子를 말씀하셨네."

"구루자라면 언젠가 산모롱이에서 공구가 만났다던 그 꼽추가 아닌가?"

"그렇다네. 땅에서 흙덩이를 줍듯 매미를 잡고 있다고 하였네. 팔을 뻗으면 바로 마른 나뭇가지 같이 되고 마음은 죽은 재 같이 싸늘하여 매미가 그를 사람으로 보지 않는다고 하더군."

"매미 잡는 일과 무슨 연관이 있단 말인가?"

"그것은 알 수 없네. 구루자를 만나면 알 수 있겠지."

자유는 이렇게 말하고는 그냥 지나가 버렸다. 구루자를 만나러 가는 길이라 하였다.

며칠 후 혜시는 장자와 다시 만났다. 해질녘이었다. 두 사람은 강가를 거닐었다. 언젠가 논쟁을 벌였던 그 강이었다. 그때처럼 고기는 물 위로 뛰어 오르고 있었다. 강 건너 언덕에는 말 한 마리가 한가롭게 풀을 뜯고 있었다.

혜시가 말하였다.

"지난 여름엔 이 못이 물바다였지."

하백河伯이 풍이馮夷와 함께 나와 노닐 만큼 큰 홍수가 났던 일을 두고 하는 말이었다.

"그랬지, 범람했었지."

장자가 하는 말이었다. 그도 그때의 일을 생각하고 있었다. 사람들의 말처럼 하백이 정말 물 위까지 모습을 드러냈는지는 알 수 없는 일이었으나 홍수는 끝간데 없이 하늘에 맞닿아 있었던 것이다.

"마음도 강물처럼 범람할 수 있다고 생각하는가?"

그때 혜시는 이렇게 물었으나 장자는 말이 없었다. 그는 돌 하나를 강물로 집어 던졌다. 혜시도 돌 하나를 집어 던졌다. 잔 잔하던 강물이 돌 하나에도 적잖이 흔들렸다.

"기쁨과 슬픔, 즐거움과 성냄이 마음의 범람이 아니겠는 가?"

장자는 강물이 흔들림을 바라보면서 이렇게 말하였다.

"그 마음의 범람을 소리로 담아낸 것을 인뢰악人籟樂이라고 하는 것인가?"

혜시가 이렇게 물었다.

"그런 것이 아니겠는가?"

장자가 대답하였다.

"천뢰악은 무엇인가?"

"범람이 지나간 이 강물과 같은 것이겠지."

"그러나 강물이 범람할 때가 장관이 아니겠는가. 물이 하늘 에까지 닿아 있었네."

"그랬었지. 그러나 지금은 다 잦아들고 잔잔한 강물이 우리 를 대하고 있네. 돌 하나에도 흔들릴 만큼 잔잔하지 않은가. 고 기들도 다 들어간 것 같군."

"희로애락이 마음의 범람이라면 그 범람한 때를 잡아 올린 소리가 장관이 아니겠는가?"

"장관이지. 그래서 소문이 줄을 뜯으면 어른 아이 모두 눈물을 흘렸고, 사광이 북채를 잡으면 부녀자들까지 옷을 벗고 춤을 추었다고 하네. 마음의 범람을 잡아낸 사람이라고 하지 않을 수 없네."

"그러나 천뢰악을 듣고 소문은 거문고 줄을 끊고 사광은 북채를 꺾었다고 하지 않는가?"

"공구는 악경의 죽간을 분질렀다고 하는 말도 들었네."

"무엇 때문이라고 생각하나?"

그때 구루자가 매미를 가득 잡은 자루 하나를 둘러메고 저만큼 지나가는 것이 보였다. 그는 이렇게 노래를 부르고 있었다.

    무엇 때문이겠는가? 무엇 때문이겠는가?
    소문이 거문고 줄을 끊자 죽었던 소리가 살아나고
    사광이 북채를 꺾자 하늘과 땅이 북소리일세.
    대상大象은 무상無象이라 그 모양을 볼 수가 없고
    대음大音은 희성希聲이라 그 소리를 들을 수가 없네.

혜시가 말하였다.

"전날 자유가 구루자를 만났는지 모르겠군."

장자가 말하였다.

"구루자에게서 마음의 범람을 말할 수는 없겠군. 매미를 불러서 잡는다는 것이 과연 헛말이 아니었군, 그래."

夢

장주가 꿈에 나비가 되었다. 훨훨 마음껏 날아다니면서도
자신이 장주라는 것을 깨닫지 못하였다. 그러다가 문득 잠
에서 깨어나니 자신은 엄연히 장주였다. 알 수 없어라. 장
주가 꿈에 나비가 된 것인가, 나비가 꿈에 장주가 된 것인
가? 장주와 나비는 분명히 다르게 있는 것이다. 이것을 物
化라 한다.

昔者莊周夢爲胡蝶, 栩栩然胡蝶也, 自喩適志與, 不知周也.
俄然覺, 則蘧蘧然周也, 不知周之夢爲胡蝶與, 胡蝶之夢爲周
與, 周與胡蝶, 則必有分矣, 此之謂物化. ─「齊物論」

이후로 장자는 엉뚱한 생각을 하게 되고

장님은 아름다운 색깔을 보지 못하고
귀머거리는 좋은 음악소리를 듣지 못하네!
어찌 장님과 귀머거리가 살덩이에만 있는 것이겠는가?
마음의 장님도 있는 것일세!

장자莊子가 임금에게 초빙되어 초楚나라로 가는 길
이었다. 얼마를 가다가 길바닥에 굴러다니는 앙상한 해골 하
나를 만났다. 눈이 있던 곳은 휑하니 두 구멍이 뚫려 있었고,
한을 품은 듯 크게 벌린 입에는 이빨까지 있었다. 죽은 지 오래
되어 뼈가 삭았을 만큼 말라붙은 해골이었다. 장자는 발길로
한번 툭 차보고는 들고 있던 참나무 채찍으로 해골을 두들기면
서 말을 했다.

"그대여! 어쩌다가 이런 꼴이 되어 굴러다니는가? 누구에게
저주를 받았는가, 천벌을 받았는가? 한 줌 흙을 덮어줄 자손이
없었나 보구려!"

장자는 계속 두들기며 말했다.

"애고 불쌍해라. 명을 다해 죽었는가? 병이 들어 죽었는가? 부모에게 쫓겨나 객사를 하였는가? 처자식에게 죄를 짓고 자살을 하였는가? 그도 아니라면 명예를 탐했는가? 재물을 탐했는가? 분에 넘친 영화를 누리다가 절제를 못했는가? 게으름을 피우다가 배고파 굶어죽었는가? 억울하게 한을 품고 죽었는가? 남을 괴롭히다 원수에게 죽었는가? 너무 청렴하여 미움을 받아 죽었는가? 나라에 죄를 짓고 처형을 당했는가? 전쟁에 나가 공을 세우려고 앞장섰다 죽었는가? 겁을 먹고 도망하다 벌을 받아 죽었는가? 그대는 누구인가? 애고 불쌍하지!"

장자는 노래를 불러대듯 혼자 중얼거리며 해가 저물도록 채찍을 두드리고 앉아 있었다. 그러다가 해골을 끌어다 베개삼아 그만 잠이 들어버렸다.

꿈속에서 그 해골이 사람이 되어 나타나 말을 했다.

"자네는 온종일 나를 때리면서 잘도 지껄여대더군. 그러나 그런 것들은 살아 있는 사람에게나 해당되는 것일 뿐, 죽어버리면 그런 번거로운 일들이 다 없어진다네! 자네의 채찍질은 나의 가려운 데도 긁어주지를 못했지! 어떤가, 죽음의 세계에 대한 이야기를 한번 들어보겠나?"

"들려주시오. 도대체 죽은 후에 무엇이 있단 말이오?"

장자는 조금도 겁을 집어먹지 않고 큰소리로 대답했다. 해골은 아무 표정도 없이 바라보다가 흰 이를 드러내 보이면서 다시 말했다.

"허지만 자네가 죽음의 세계를 어찌 알겠는가? 위로는 임금이 없고 아래로는 신하가 없는 세상이라면 그런대로 알아들을 수도 있겠지! 그러나 좋은 일도 없고 슬픈 일도 없으며 옳은 일도 없고 그른 일도 없다면 어떻게 생각하겠는가? 더구나 너도 없고 나도 없고 남자도 없고 여자도 없으며 아니 도대체가 있는 것도 없고 없는 것도 없다면 알아들을 수 있겠는가? 말하자면 태어나는 일도 없고 죽어 버리는 일도 없는 세상이란 말일세. 그러니까 기쁨도 슬픔도 없고 즐거움도 괴로움도 없으며 배고픔도 배부름도 없고 추위도 없고 더위도 없으며 사계절의 변화도 없다네. 시기 질투 모함이나 부귀 영달 칭찬 따위가 없으며 가난한 자도 부자도 죄짓는 일도 형벌 받는 일도 없다네! 이러한 모든 것들은 살아 있는 사람들에게나 해당되는 것이 아니겠나? 자네, 소에게 씌우는 무거운 멍에를 알고 있겠지? 무거운 짐을 메고 끌어야 하는 멍에 말일세. 자네가 말하고 있는 것들은 모두 그러한 멍에들일세! 자네가 어찌 그것을 알겠는가?"

장자는 해골이 하는 말을 도저히 믿을 수가 없었다. 그래서 다음과 같이 말했다.

"당신은 죽음에서 다시 살아날 수가 없으니까 아무렇게나 말하고 있는 것이 아니겠소? 나는 사람의 목숨을 관장하는 사명신司命神을 만난 일이 있소. 그에게 잘 부탁하여 보고 듣고 먹을 수 있는 기능과 옳고 그름을 분간할 줄 아는 지혜와 마음

그리고 정신을 불어넣어 주겠소. 그러면 그 앙상한 뼈에 살이 붙어 다시 살아날 수 있을 것이오. 그리하면 부모에게 돌아가 처자식과 함께 고향에서 전과 같이 단란하게 살아갈 수 있을 것이오. 나는 진심으로 당신을 구원하고 싶소."

해골은 장자의 말을 듣고는 어이가 없다는 듯이 깔깔 웃으면서 말을 했다.

"자네는 나에게 큰 은혜를 베풀어주겠다는 투로 이야기하고 있군 그래. 그러나 사양하겠네. 그 이유를 말해볼 테니 들어보겠나?"

해골은 목을 가다듬더니 말을 이었다.

"나는 전에 어떤 돈 많은 부잣집에 들렀다가 갓 태어난 아기와 이야기를 한 적이 있었네. 내가 처음 그 집에 들어섰을 때 온 가족이 어쩔 줄을 모르고 안절부절 불안해하고 있더군. 제일 어른인 듯한 노인은 마음의 초조함을 누를 길이 없어 그 소중한 체통도 다 잊어버리고 마당을 서성거리고 있었고, 아들이라는 젊은 놈은 툇마루에 웅크리고 앉아 근심에 싸여 죄지은 사람처럼 하고 있더군. 그리고 안방에서는 여자들의 수선 속에 한 젊은 여인네의 울부짖음이 곧 숨이 넘어가는 듯하였네. 이 집의 며느리가 아기를 낳는 산고産苦였네. 얼마 안 있어 갓 태어난 아기의 울음소리가 들려왔지. 그리고 아들이라는 것이 알려지자 뜰에 있던 노인은 덩실덩실 춤을 추기 시작했고 아들의 얼굴은 근심에서 풀려나 활짝 웃더군. 5대 독자가 태어난 순간이었네. 경사가 났지, 모두들 기뻐서 야단법석이더군.

그러나 나는 이 모든 일들을 도무지 알 수가 없었네! 그리하여 얼른 아기의 방으로 들어가서 물어보았네. 세상에 태어난 일을 너도 기뻐하고 있는가 했더니 아기는 이렇게 대답했네. '기뻐하고 있다면 내가 왜 이렇게 울고 있겠소. 이제 나는 배고픔을 메우려는 수고로움을 해야 하고 기쁘면 웃고 슬프면 울어야 하는 가엾은 신세가 되고 말았지요' 라고 하더군.

그래서 나는 생각했네. 태어나는 것은 태어나지 않는 것만 못하고 기쁜 것은 기쁘지 않은 것만 못하다는 사실을 말일세! 하물며 슬프고 고통스러운 일 따위야 말해 무얼 하겠나? 태어나면 반드시 죽음이 있고 즐거우면 고통스러움이 있는 법일세. 그런데 죽음의 세계에는 있는 것도 없고 없는 것도 없으니 태어남도 없고 죽는 일도 없으며 기쁨도 없고 슬픔도 없다네. 살아있는 사람들이야말로 있는 세계만 알고, 없는 세계는 모르고 있는 것이 아니겠는가? 그러니까 자네가 나를 되살려 다시 살게 해주려는 것은 결국 나를 두번 죽이는 결과가 되지 않겠는가?'

장자는 그럴 듯한 이야기라는 생각이 들었으나 해골 따위에게 농락을 당하는 것이 아닌가 하여 화를 내면서 다시 말했다.

"당신의 이야기는 얼핏 생각하기에 그럴듯도 하지만 사실은 황당하기가 이를 데 없소. 어느 누구도 당신의 말을 귀 기울여 들으려 하지 않을 것입니다. 세상일이란 모두 사리에 맞고 이치에 닿아야 하는 것인데 당신의 말이란 한 가지도 사실을 말하고 있는 것이 못되오. 세상의 일이란 처음이 있고 끝이 있기 마련인데, 태어남이 있으면 죽음이 있고 기쁨이 있으면 슬픔이 있는 것은 당연한 일이 아니겠소? 그런데 당신은 죽음의 세계를 들먹거리면서 있는 것도 없고 없는 것도 없다고 하니 그러면 당신은 무엇이란 말이오? 죽음도 없고 태어남도 없다는 말을 도대체 누가 믿을 수 있단 말이오? 당신은 분명 죽은 사람이 아니오?"

해골은 눈살을 찌푸리며 한참 동안 장자를 바라보다가 말을 했다.

"방금 세상일이라고 했던가? 나는 지금 세상일을 말하고 있는 것이 아닐세! 만약 땅의 바른 기운正氣를 타고 해와 달日月을 몰면서 세상 밖에서 노니는 사람이 있다면 그도 그러할까? 옛날 막고야산 기슭에 네 사람의 신선이 살고 있었네. 그들의 피부는 얼음같이 맑고 눈같이 희었으며 살갗이 나긋나긋하기가 막 피어나는 처녀의 살결처럼 고왔다네! 그들은 오곡을 먹지 않고 바람과 이슬을 마시며 구름을 타고 용을 몰면서 늘 세상 밖에서 노닐다 돌아오고는 했다는군! 산하를 태우는 뙤약볕도 그들을 목마르게 하지 못했고 하늘을 넘치는 큰 홍수도 그들을 빠뜨리지 못했으며 산을 무너뜨리는 천둥 번개가 바다를 뒤엎어도 그들을 놀라게 하지 못하였다네! 삶과 죽음도 그들을 간섭하지 못하였으니, 이런 사람에게 슬픔이나 기쁨 따위가 무슨 소용이 있단 말인가? 장님은 아름다운 색깔을 보지 못하고 귀머거리는 좋은 음악소리를 듣지 못하네! 어찌 장님과 귀머거리가 살덩이에만 있는 것이겠는가? 마음의 장님도 있는 것일세! 자네가 바로 그러한 사람이 아니겠는가?"

장자는 너무나 엄청나고 어처구니없는 말을 듣게 되자 그만 더 이상 할 말을 잃고 말았다.

이튿날 잠에서 깨어난 장자는 베고 자던 해골을 향해 큰절을 한번 하고는 초나라로 가려던 생각을 버리고 집으로 돌아왔다. 이후로 장자는 엉뚱하고 기발한 생각을 많이 하게 되었고, 아내가 죽었을 때는 부인의 시신屍身을 타고 앉아 물동이를 두드리며 노래를 부르기도 하였다. 죽음이야말로 모든 속박과 굴레, 마음의 멍에로부터 벗어나는 최상의 것일는지도 모른다.

鄉

죽음이란 위로는 임금이 없고 아래로는 신하가 없으며,
사계절의 변화도 없어 천지와 수명을 함께 하며 살아간다.
비록 임금의 즐거움이라도 이보다는 못할 것이다.

死無君於上, 無臣於下, 亦無四時之事, 從然以天地爲春秋,
雖南面王樂, 不能過也. —「至樂」

장자는 물동이를 두드리고
아내의 시신을 타고 앉아

장자의 아내가 죽었다는 기별을 듣고 많은 사람들이 찾아갔다. 조문을 하고자 함이었다.

장자의 집은 찢어지게 가난하였다. 막고야산 기슭에 방 한 칸 부엌 한 칸을 얽어 놓았을 뿐, 굴뚝에서는 연기가 나지 않는 날이 많았다. 어쩌면 굶어죽었을지도 모른다는 생각을 하면서 사람들은 슬픈 마음으로 찾아갔다.

그러나 집 앞에 당도하였을 때 그곳에서는 엄청난 일이 벌어지고 있었다. 사람들은 어찌할 바를 몰라 전전긍긍했고 더러는 미친놈이라고 욕설을 퍼부어대고 돌아가는 사람도 있었다. 장자는 마당 한복판에서 정말 맹랑한 짓거리를 하고 있었던 것이다. 그는 아내의 시신을 거적째 타고 앉아 노래를 부르고 있었다. 그리고 막대기로 물동이를 두들기며 장단을 맞추고 있었다.

혜시惠施는 조심스럽게 장자에게로 다가갔다. 혜시는 장자의 친구였다.

"자네와 부인은 오랜 세월을 함께 하면서 살아왔네. 고생도 함께 하고 즐거움도 함께 하지 않았나? 그런 부인이 지금 죽었네! 곡을 하지 않는 것은 그렇다 치더라도 물동이를 두드리며 노래를 하다니! 이것은 너무하지 않은가?"

혜시는 목소리를 낮추어 정중하게 충고하듯이 말을 했다.

"겨울이 가면 무엇이 오던가? 겨울이 가면 무엇이 오던가? 나는 몰라! 나는 몰라!"

장자는 물동이를 더욱 신나게 두들기며 계속 노래를 했다.

"여보게, 그래도 사람에게는 도리라는 것이 있네. 예禮라는 것이 있지 않은가? 어서 염殮을 하고 곡을 하게. 우리가 장례 준비를 하겠네."

혜시가 다시 조심스럽게 말을 했다.

"하늘과 땅으로 관곽棺槨을 만들고 해와 달로 구슬連璧을 만들어 달았네. 별들이 노래하고 산천초목이 모두 함께 하는 부장품副葬品이거니 이밖에 더 무엇을 준비할 것인가? 도道는 어디에든지 있는 것이거늘 예禮는 찾아 무엇하리! 거추장스러워라, 거추장스러워라!"

장자는 벌떡 일어나더니 이번엔 덩실덩실 춤을 추는 것이었다.

"즐거워라! 즐거워라! 내가 무엇 때문에 울며 누구를 위해 곡을 한단 말인가?"

그는 더욱 맹랑스러워지고만 있었다. 혜시는 더 말이 없고 사람들은 이 어처구니없는 일에 그만 기절을 하고 말았다.

ー_ー

장자의 아내가 죽자 혜시가 조문을 갔다. 장자는 그때 두 다
리를 뻗고 앉아 항아리를 두드리며 노래를 부르고 있었다.
혜시가 말하였다.

"아내는 자네와 함께 자식을 키우면서 늙었네. 그런 아내가
죽었는데 곡을 하지 않는 것은 그렇다 하더라도 물동이를
두드리며 노래를 부르다니 너무 심하지 않은가?"

莊子妻死, 惠子弔之, 莊子則方箕踞鼓盆而歌. 惠子曰, 與人
居長子老身, 死不哭亦足矣, 又鼓盆而歌, 不亦甚乎.
—「至樂」

어쩔 수 없는 인간의 명예

저기 저 강 건너편을 보게. 사람이 하나 앉아 있네.
그 사람은 우리를 보고 저 건너편에 사람이 있다고 할 것일세.
어느 쪽을 명확하게 저 건너편이라고 할 수 있을 것인가?

혜시惠施는 장자莊子와 절친한 친구였다. 두 사람은 하루라도 만나지 못하면 병이 날 정도로 서로 보고 싶어 그리워했고 그리고 만나면 그들은 서로 다른 생각을 가지고 있었기 때문에 같은 결론에 도달하는 날이 한번도 없었다. 그리하여 늘 의견이 맞지 않아 으르렁거리다가 다시는 만나지 않을 것처럼 화를 내면서 헤어지곤 했다. 그러나 얼마 가지 않아 그들은 또 만나 같이 시간을 보내곤 하였다.

하루는 두 사람이 모처럼 만나 한가한 시간을 보내고 있었다.

해는 막고야산藐姑射山으로 떨어지고, 석양이 온 들판을 끓는 빛으로 물들여 가고 있었다. 한낮의 열기를 서서히 식혀가며 호량강濠梁江은 그 한복판을 도도히 흐르고 있었다.

혜시와 장자는 그 강기슭을 편안한 마음으로 거닐면서 소요하고 있었다. 물고기가 이따금 수면 위로 뛰어 올랐다. 붉게 물든 수면이 그때마다 일렁이다가는 다시 제자리를 메우며 흘러가고 있었다.

물 속에서 노니는 고기가 들여다 보였다. 아름다웠다. 자연은 이렇게 아름답다. 두 사람은 저녁 햇살에 생기를 얻으며 새롭게 뿜어내는 기화요초奇花天草들의 신선한 숨결을 마시면서 물가를 거닐고 있었다.

수초水草 사이를 헤엄쳐 다니는 물 속의 고기들을 한참 들여다보고 있던 장자가 말을 했다.

"시원하게 노니는 모습, 저것이 바로 고기의 즐거움이로군."

그야말로 물고기의 헤엄치는 모습은 억지가 없었다. 물과 하나가 되어 노니는 고기의 즐거움을 장자는 생각했다. 그리고 그 생각을 무심코 뱉은 것이었다. 그런데 옆에서 혜시가 그 말을 물고 늘어졌다.

"물고기의 즐거움이라고 했는가? 자네는 독단이 너무 심하군."

장자는 혜시의 얼굴을 쳐다보며 또 무슨 뚱딴지 같은 트집이냐는 표정을 지었다.

"방금 자네는 물고기의 즐거움에 관해서 말을 했네."

"그랬던가? 응! 맞아 조금 전에 그런 생각을 하고 있었네!"

하고 장자는 솔직하게 시인하면서 다시 강물 쪽으로 시선을 옮겼다.

"그런 생각을 어떻게 하나? 옳다는 생각을 하고 있단 말인가?"

혜시는 이렇게 서두를 꺼내고 나서 다시 말을 시작했다.

"자네는 전에 공자孔子를 어리석은 사람이라고 비난한 일이 있네. 자기가 생각한 것을 들고 다니면서 온 천하의 사람들에게 같은 생각을 하라고 강요한 사람이 공자가 아니던가? 이제 보니 자네는 공자보다 더 어리석은 사람일세 그려! 자네는 분명 물고기가 아닌데……"

"자네의 말을 알겠네. 그러니까 물고기의 즐거움을 어떻게 알겠느냐는 것이겠지?"

하고 장자는 혜시의 말을 끊었다.

혜시가 다시 말했다.

"그렇다네. 물고기는 자네가 아닐세. 저 물 속에서 헤엄쳐 다니는 것은 즐겁게 노니는 것이 아니라 사실은 힘든 일을 하고 있는 것일지도 모르지. 또는 알지 못할 신神에게 동원되어 노예처럼 고된 역사役事를 마무리하고 있는 중인지도 모르지. 자네는 물고기가 아닌데 어떻게 물고기의 마음을 알겠는가? 자네는 지금 다른 차원의 세계를 넘나들고 있다는 것을 까맣게 모르고 있네. 물고기의 즐거움을 단정적으로 말하고 있는 것은 자네의 실수일세."

장자는 혜시의 말을 듣고 나서도 얼마 동안은 말이 없었다.

그러다가 강물에 손을 한번 적시고 나서는 서서히 입을 열기 시작했다.

"뭐 자네의 모든 이야기를 그르다고는 생각하지 않네. 그러나 나도 한 가지 질문을 던져보기로 하지. 내가 물고기가 아닌 것처럼 자네 또한 이 장주가 아닐세. 그렇지 않은가? 나는 결코 혜시일 수가 없으며 자네 또한 나 장주일 수는 없다는 것은 분명하네. 그렇다면 이러한 질문이 성립할 수가 있지. 자네는 내가 아닌데, 더 구체적으로 말해서 혜시라는 사람은 장주라는 사람이 아닌데 장주가 물고기의 즐거움을 알고 있는지 모르고 있는지를 혜시가 어떻게 알 수 있겠나? 혜시가 장주가 아니요 장주가 혜시가 아닌 바에야 마찬가지로 자네와 나는 다른 차원의 세계에 놓여 있는 것일세. 그러니까 자네도 다른 차원의 세계를 넘나들고 있는 셈이군!"

하고 장자는 혜시를 쳐다보며 웃었다.

"그러면 이제 더 말할 것도 없이 결론은 분명해졌네. 내가 장주 자네가 아니니까 자네의 마음을 알지 못하듯이 자네는 물고기가 아니니까 물고기의 즐거움을 알지 못하고 있다는 사실이 분명해졌네 그려."

혜시는 너무도 명쾌한 결론에 도달한 것을 기뻐하면서 어깨를 으쓱했다.

"그러나 사실은 우리 앞에 아무것도 분명해진 것은 없네"

하고 장자는 혜시의 생각에 찬물을 끼얹었다.

"무슨 말인가? 그보다 더 명확한 결론을 어디서 끌어낼 수 있다는 말인가?"

혜시가 의외라는 듯이 물어왔다.

"저기 저 강 건너편을 보게. 사람이 하나 앉아 있네. 그 사람
은 우리를 보고 저 건너편에 사람이 있다고 할 것일세. 어느 쪽
을 명확하게 저 건너편이라고 할 수 있을 것인가? 아까 공자의
어리석음을 이야기했었지. 공자는 틀림없이 홀로 앉아 있는
사람 쪽을 가리키며 그곳만이 저편이라고 고집할 것일세. 그
고집을 부리느라고 온 천하를 돌아다닌 사람이 아니던가? 내
가 생각한 것, 내가 옳다고 생각한 것은 다른 사람에게도 옳고
명확한 것이라 믿고 고집을 부리며 살아간 사람이었네. 그리
하여 자기 생각을 억지로 다른 사람에게 집어넣는 일을 하느라
고 늘 바빴지. 그러나 끝내는 헛수고만 하고 말지 않았던가?
실패하고 말지 않았던가? 그것은 모든 사람에게 옳은 것, 모든
사람에게 명확한 것이 있음을 믿었기 때문일세. 이것이 공자
의 어리석음이었네. 어떻게 그런 것이 있을 수 있단 말인가?
공자의 생각은 공자 자신의 생각이지 어느 다른 사람의 생각일
수는 없네. 그것을 공자는 모르고 있었다고 볼 수 있지. 자네는
나더러 공자보다 더 어리석은 사람이라고 했던가? 그럴는지도
모르지. 그것을 반박할 생각은 추호도 없네! 그러나 나는 내 생
각을 그저 말로 나타냈을 뿐이지, 자네더러 내 말을 믿으라거
나 나와 똑같은 생각을 해달라고 강요할 의사가 있었던 것은
아니라네. 사실은 자네가 들으라고 한 말도 아닌데 혼자 중얼
거려 본 것이 그만 자네 귓전에 전해진 모양일세 그려! 그러나

물고기의 즐거움을 안다는 것과 물고기의 즐거움을 모른다는 것을 비교하여 명확한 결론을 이끌어내는 일이야말로 무리일세. 자네가 말하는 그 명확한 결론이라는 것은 내게도 해당되고 자네에게도 해당되는 어떤 하나의 내용이라는 것이 아니겠나? 그렇다면 그것 역시 서로 다른 차원의 세계를 무리하게 넘나들면서 하나가 아닌 것을 하나의 생각으로 묶으려는 헛된 짓일 테니까 조금도 명확한 것이 아닐세. 다른 차원의 세계에 대해서는 '안다', '모른다' 라는 것이 모두 간섭일세. 그러므로 그 어떤 것도 명확한 것이 아닐세. 그러나 그러는 가운데도 한 가지 명확한 것이 있다면 나는 물고기의 즐거움을 안다고 생각하고 있고 자네는 물고기의 즐거움을 모른다고 생각하고 있는 두 사람의 대화, 곧 생각이라는 것이 있을 뿐일세"

하고 장자가 말을 마치며 시선을 옮기는데 어디선가 느닷없이 물새 한 마리가 나타나더니 수면 위로 뛰어오르는 고기를 채어 물고 하늘 높이 날아오르는 것이었다.

"저런 저런 고얀 놈을 봤나?"

혜시가 어이없는 듯 욕설을 퍼부으며 바라보자.

"그만두게. 운명인 것을 어찌하나! 후회하지는 않을 것일세"

하고 장자가 말하였다.

얼마 있지 않아 노을은 없어지고 어둠이 깔리기 시작하면서 강물도 나무도 땅도 하늘도 구별이 없는 혼돈混沌으로 온 세상은 빠져들었다. 그 혼돈 속을 걸어오면서도 두 사람은 하나가 되지 못하고 자꾸만 갈라지는 구별의 세계를 머릿속으로 더듬고 있었다.

　어쩔 수 없는 인간의 멍에였다.

道는 규정하려는 데서 숨어버리고 말은 꾸미는 데서 그 참
뜻을 잃어버린다. 여기에서 儒家와 墨家의 是非도 있게
되었다. 그들은 상대방의 그른 것을 옳다 하고 옳은 것을
그르다고 한다.

道隱於小成, 言隱於榮華, 故有儒墨之是非, 以是其所非, 而
非其所是. —「齊物論」

공손룡이 돌아오고 있군

그런 일도 있군!
그런 일도 있군!
공손룡이 사람을 피하다니!
공손룡이 사람을 피하다니!

혜시가 장자를 만나 이런 말을 하였다.

"이곳으로 오는데 노래하듯 이상한 말을 하고 지나가는 사람이 있었네."

"무슨 말을 하던가?"
하고 장자가 물었다.

"태산은 가을털보다도 작고 가을털끝은 태산보다도 크도다. 이것을 누가 알겠는가. 이것을 누가 알겠는가, 하면서 지나가더군."

"누구라고 하던가?"

"물어보려고 하였으나 다가가기도 전에 가버렸네."

장자가 한참이나 있다가 말하였다.

"자네 공손룡을 언제 만났는가?"

"오래 되었네 언젠가 장마당에서 소란을 피운 뒤로는 만나지 못하였네."

"그랬었군!"

그러나 혜시는 갑자기 무슨 생각이 들었는지 놀란 듯이 입을 열었다.

"그럼 그가 공손룡이란 말인가?"

"그가 아니라면 그런 말을 누가 하겠는가?"

장자는 이미 알고 있었다는 듯이 말하였다. 지나친 지가 얼마 되지 않았는지라 혜시는 급히 공손룡을 찾아 나섰다. 멀리 가지 않아 저만큼 그가 산모롱이를 돌아서는 모습이 보였다.

"공손공! 공손공!"

혜시가 소리쳐 불렀으나 그는 돌아보지도 않고 그냥 가버렸다.

"소용없는 일이네. 자네를 만나고 싶지 않은 것 같군!"

뒤따라 온 장자가 혜시를 보고 말하였다. 혜시는 더 따라가지 않고 돌아서고 말았다.

"이상하군. 부르는 소리를 듣고도 그냥 가버리는군."

"아까도 자네를 피하더라고 하지 않았는가?"

"그때는 그도 나를 몰라보았을 것이 아닌가?"

"그렇지 않네. 그 노래는 자네를 두고 한 것이었네."

"그럼 왜 그냥 가버린단 말인가. 나는 결코 그에게 노여움을 산 일이 없는데"

하고 혜시는 말하였다.

　장자가 말하였다.

　"그것은 알 수 없는 일이네. 행동을 하고 자국을 남기지 않기는 힘들고, 말을 하고 남의 마음에 생채기를 주지 않기란 힘들다고 했네. 자네는 언제나 말을 아끼지 않고 하는 사람이 아니던가?"

　혜시는 공손룡에 대한 생각을 하였다. 그는 젊은이들을 혼란시키고 세상을 시끄럽게 한다고 사람들이 비난하고 있으나 혜시는 그렇게 생각하지 않았다. 공손룡은 훌륭한 변론가였다. 누구도 그를 당해낼 수 없는 달변의 논객이었다. 언제가 장마당에서는 남의 흰 말을 끌고 가면서 자기는 말을 가지고 가는 것이 아니라고 우기는 일도 있었다. 백마白馬는 말이 아니라는 것이었다. 또 한번은 흰 돌 하나를 손바닥에 올려놓고 이것은 두 개의 돌이라고 주장하여 주위 사람들을 어리둥절하게 한 일도 있었다. 혜시는 아직도 그의 견백론堅白論에 대해서는 반박할 자신이 없었다.

　"자네는 무엇을 그렇게 생각하고 있는가?"

　장자가 이렇게 물었다.

　"공손룡 말일세. 그는 어떤 인물인가?"

　그러나 장자는 대답을 하지 않았다. 혜시가 다시 물었다.

　"그는 세상을 어지럽히고 다니는 사람인가?"

　이번에도 장자는 말이 없었다. 장자도 공손룡을 생각하고 있었다. 태산이 털끝보다 작다는 것과 털끝이 태산보다 크다는 것은 결국 같은 말인가 하는 생각을 하였다. 그리고 태산은 가장 큰 것을 나타내는 말이요, 가을털은 가장 작은 것을 나타낼 때 쓰는 말이다. 그러나 태산보다 큰 것은 얼마든지 있고 털끝보다 작은 것도 얼마든지 있다. 그러므로 대大 소小를 태산과 털끝으로 묶어둘 수는 없는 것이라는 생각을 하고 있었다.

"왜 말이 없는가?"

하고 혜시가 말하였다. 그때에야 장자는 비로소 입을 열었다.

"나는 그가 세상을 어지럽히고 다닌다고는 생각지 않네."

장자는 공손룡을 존경하고 있지는 않았지만 비난하고 싶지는 않았다. 그의 말은 궤변이기는 하지만 근거 없이 하는 말은 아니었다. 그는 많은 생각을 하는 사람이라고 생각하였다. 그래서 장자는 다시 말을 계속했다.

"그는 다만 일반적인 것을 생각하지 않을 뿐이지. 누구나 할 수 있는 생각은 그가 하지 않아도 되지 않겠는가?"

"그러나 세상 사람들은 모두 그의 말을 궤변이라고 비난하고 있지 않은가?"

하고 혜시가 말하였다.

"자네도 그렇게 생각하는가?"

"궤변은 훌륭한 논변이라고 나는 생각하네."

그러자 장자가 다시 물었다.

"마음에 상처를 주지 않는 말을 노자는 선언善言이라고 하였네. 궤변이 선언에 해당한다고 보는가?"

238

혜시가 대답하였다.

"노자는 말을 아끼는 사람이 아니던가. 그러나 공손룡은 말을 아끼는 사람은 아니네. 지언知言한 사람이라고는 할 수 있다고 보네. 그의 말은 번다한 것 같지만 조리가 있고 허술한 것이 끼여들 틈이 없었네."

"그러나 지언한 사람의 말을 치언卮言이라고 할 수는 있으나 치언을 궤변이라고 할 수는 없지 않겠는가?"

궤변은 지언한 사람에게서 나올 수 있는 것이기는 하나 지언한 사람의 말이 다 치언일 수는 없다는 뜻이었다.

"궤변을 치언이라고 할 수는 없으나 세상을 그르치는 말이 아닌 것만은 분명하네."

궤변은 사실에 근거하기는 하나 사실을 말하고 있는 것은 아니다. 사람들이 말장난이라고 비난하는 까닭이 여기에 있다고 혜시는 생각하였다.

"세상을 그르치는 말은 어떤 말이라고 생각하는가?"
하고 장자는 물었다.

"옛사람의 말이나 자기보다 훌륭하고 권위 있는 사람의 말을 끌어다가 자기 말을 믿게 하려고 위장하는 것이 아니겠는가. 모두들 그 말을 믿고 복종하게 되니까 말일세."

"이를테면 중언重言에 해당하는 말이라 해야겠군."

"그러나 공손룡은 자기 말을 믿게 하거나 어떤 사실을 속이려고 하는 말은 아니었네. 누가 그 이상한 말을 믿겠는가?"

"그러면 맹랑지언孟浪之言과 같은 말일 수도 있겠군."

"맹랑지언과 같다고는 할 수 없네. 그것을 궤변이라고 하는 사람은 없지 않은가?"

"그렇군. 누구를 믿게 하거나 어떤 사실을 속이려는 말이 아니고 또 그 말에 속아넘어갈 사람이 없는 것이라는 점에서는 같다고 할 수 있으나 하나는 근거 없는 맹랑한 말을 하는 것이고 하나는 철저하게 사실을 바탕으로 하고 있다는 점이 다르겠군."

"또한 맹랑지언은 생각의 갇힌 틀에서 빠져나오게 하는 것이라면 궤변은 생각의 갈래가 몇 가닥으로 꿰어지는가를 찾아가는 것이 다른 점이라고도 할 수 있네."

"생각의 갈래를 꿰어 간다는 것은 무슨 뜻인가?"

"흐트러진 실뭉치에서 실 가닥을 한올 한올 뽑아내는 것이라고 할 수 있지 않겠나?"

"그렇군. 그런 것이 현실에서 하나는 맹랑지언이 되고 하나는 궤변이 되는 것이겠군."

그때 산모롱이를 돌아가 보이지 않던 공손룡이 이쪽으로 되짚어 걸어오고 있었다.

"공손룡이 다시 돌아오고 있군."

장자가 말하였다.

"공손공, 아까는 소리쳐 불러도 돌아보지도 않고 가시더니 어찌된 일이오?"

공손룡은 환단桓團과 친구로 혜시보다는 나이가 많았으므로, 혜시는 이렇게 정중하게 말하였다. 공손룡은 웃으며 말하였다.

"자네를 만나면 말꼬리를 물고늘어질 것이 아닌가. 성가실 것 같아 일부러 피하였네."

"그럼 지금 다시 되짚어 돌아온 것은 그새 무슨 심경의 변화가 있었던 것이오?"

이번에는 장자가 이렇게 물었다. 그러자 공손룡은 다음과 같이 말하였다.

"산모롱이를 돌아 한 계곡에 이르렀을 때 거기에 끽구喫詬가 있지 않았겠나. 혀를 그만 놀리라고 황제에게 꾸중을 듣고 있는 중이더군. 나도 황제를 만나면 같은 일을 당할까보아 서둘러 돌아왔네."

그때였다. 이상한 노랫소리가 멀리서 들려 왔다. 바라보니 초원에서 홍몽鴻蒙이 엉덩짝을 두들기며 놀고 있었다.

그런 일도 있군! 그런 일도 있군!
공손룡이 사람을 피하다니! 공손룡이 사람을 피하다니!

홍몽은 이렇게 노래를 하고는 볼기짝을 드러내 놓은 채 팔짝 팔짝 뛰면서 굴러가듯 멀리 사라졌다. 원풍이 그 뒤를 따르고 야마가 또 그 뒤를 따르고 있었다. 홍몽과 원풍과 야마는 운장과 함께 모두 초원의 친구들이었다.

참으로 큰 것은 밖이라는 테두리가 없다. 이것을 大一이라
고 한다. 참으로 작은 것은 안이라는 속이 없다. 이것을 小
一이라고 한다. 부피가 없어 쌓을 수 없는 물건이라 하더라
도 小一의 처지에서 보면 천리만큼이나 크고, 大一의 처
지에서 보면 하늘과 땅도 다 같이 낮고 산과 연못도 다같이
평평하다.

至大無外, 謂之大一, 至小無內, 謂之小一, 無厚不可積也, 其
大千里, 天與地卑, 山與澤平.　一「天下」

수레바퀴만 덩그러니
잘륜공은 가고 없고

옳도다, 그대여. 무엇이 세상에 전해지고
기록으로 남겨져 오는 것이 있으리.
참된 사실은 시간과 함께 그 사람과 더불어가고,
은폐된 사실만이 찌꺼기로 남아 역사를 만들어가고 있도다.

齊나라 환공桓公이 어느날 대청에서 글을 읽고 있었다. 그때 마당에서 수레바퀴를 깎고 있던 목수 작륜공斫輪公이 일손을 멈추고 환공을 향해 말했다.

"이 더운 날씨에 공께서는 무슨 책을 읽으십니까?"

"성인聖人의 도道가 담긴 책이지. 역경易經이라는 것일세."

"그 성인이란 분이 지금도 살아 있습니까?"

"아니지, 벌써 옛날에 돌아가시고 지금은 살아 있지 않다네."

환공은 보던 책을 소중히 접으면서 대답했다.

"참 딱도 하시지. 허구헌날 성인의 찌꺼기를 붙들고 있으니

거기서 무엇을 얻을 수 있으리!'

작륜공은 수레바퀴를 다시 깎기 시작하면서 혼잣말처럼 중얼거리듯 말을 했다.

"네 어찌 감히 성인을 모독하는 말을 할 수 있단 말인가!'

환공은 소리를 질렀다. 천한 신분의 몸으로 성인을 들먹거리는 일부터가 무엄하기 이를 데 없었다.

"소인은 천한 직업의 목수로서 하는 일이란 한낱 나무토막이나 만지고 깎는 것으로 일생을 보내온 무식한 놈이니 무엇을 알겠습니까만, 제 나이 올해 일흔인지라 이제는 하는 일에 힘이 부칩니다. 그러나 아직도 늙은 몸으로 이렇게 손에서 나무 깎는 일을 놓지 못하고 있는 것은 십여 년 전부터 자식놈을 데리고 다니면서 톱질은 이렇게 하고 바퀴는 이렇게 깎아야 한다고 제가 하는 일을 모두 물려주려 했지만 실제로는 한가지도 전해줄 수가 없었기 때문입니다. 아무래도 자식놈은 끝까지 배우지 못하게 될 것이고 제가 가지고 있는 것은 죽을 때 함께 가지고 가게 될 것이 틀림없습니다.

수레바퀴 깎는 하찮은 일 하나도 이러하거늘 공께서 일컫는 성인의 도야 더 말해 무얼 하겠습니까? 도道니 덕德이니 진리眞理니 하는 것이 정말 있는 것인지는 모르나 있다면 성인이 죽을 때 다 가지고 죽었을 것이요, 어느 한가지도 남겨 놓고 가지는 못하였을 것입니다. 공께서 보고 있는 책이 소중한 것이라 하나 성인의 찌꺼기 외에 무엇이 들어 있겠습니까?"

환공은 작륜공의 말에 그만 정신을 잃은 듯 멍하니 앉아 있었다.

"옳도다! 그대여. 무엇이 세상에 전해지고 기록으로 남겨져 오는 것이 있으리. 참된 사실은 시간과 함께 그 사람과 더불어 가고, 은폐된 사실만이 찌꺼기로 남아 역사를 만들어가고 있도 다."

작륜공은 가고 없고 수레바퀴 하나만이 마당 한복판에 덩그러니 놓여 있었다.

車

도를 귀하게 여기는 사람들은 책을 귀중하게 여긴다.
책은 말에 지나지 않는다.
말에는 귀한 것이 있으니 말의 귀한 것은 뜻이다.
뜻에는 따라오는 사실이 있다.
그러나 뜻에 따라오는 사실은 말로써는 전할 수가 없다.
그런데도 세상 사람들은 말을 귀중하게 여겨 책을 전한다. 세
상에서는 책을 귀중하게 여기지만
귀중하게 여길 것이 못된다.

世之所貴道者書也, 書不過語, 語有貴也, 語之所貴者意也,
意有所隨, 意之所隨者, 不可以言傳也, 而世因貴言傳書, 世
雖貴之哉, 猶不足貴也.　—「天道」

물 긷는 노인

나도 용두레를 만들고 도르래에 두레박을 매달아 물을 푸면
좋은 줄을 알고 있지만
몸이 편하자고 소중한 마음을 타락시킬 수는 없는 일이기에
다소 번거롭기는 하지만
이렇게 물동이로 물을 긷고 있는 것이라오.

자공子貢은 노나라 공자의 제자였다. 그는 스승의
심부름으로 초나라 여행을 마치고 진晉나라를 거쳐 돌아오는
길에 한수漢水의 남쪽 어느 조그만 마을을 지나게 되었다. 백
발이 성성한 노인 한 분이 밭에서 일을 하고 있는 광경을 보고
그는 발길을 멈추었다. 노인은 밭에다 물을 주고 있었는데, 깊
은 우물 속으로 물동이를 가지고 내려가서 힘들게 퍼담아 지고
올라오는 것이었다. 그 일을 몇 차례나 하였는지 온몸은 땀으
로 범벅이 되어 있었고 몹시 피로한 모습을 하고 있었다. 그러
나 밭에는 물을 준 흔적이 나지 않았다. 참으로 딱한 일이었다.
자공은 노인에게로 다가가 말을 건넸다.

"노인장 힘들지도 않습니까? 그렇게 일일이 물을 길어와서야 어느 세월에 밭을 다 적실 수 있겠습니까?"

자공은 딱하다는 듯이 말을 했으나 노인은 물 주는 일만을 계속하면서 돌아보지도 않았다.

"그런 수고를 하지 않더라도 하루에 백 두렁의 밭을 적실 수 있는 물을 길을 수 있는 방법이 있습니다. 힘들게 물동이를 들고 우물 안을 오르내리지 않아도 되지요."

"그것은 어떻게 하는 것이오?"

그제야 노인은 하던 일을 잠시 멈추고 일어나더니 선비차림을 하고 서 있는 자공을 쳐다보면서 말을 했다. 자공은 노인이 자기 말에 관심을 가져주는 것을 기뻐하면서 자랑스럽게 말을 했다.

"물을 쉽게 풀 수 있는 용두레橰라는 기계가 있다오. 긴 통나무에 넓게 홈을 파고 손잡이를 한 다음에 그것을 밧줄에 매달아 그네 젓듯이 물을 푸는 방법이라오. 그리고 우물이 좁고 깊으면 참나무로 도르래를 만들고, 두레박 끈을 길게 하여 감은 다음, 한쪽에는 무거운 돌을 매달아 저절로 올라오게 하는 방법도 있지요. 그렇게 하면 가만히 앉아서 동해바다의 물도 다 퍼담을 수 있을 것이오. 세상의 일이란 머리를 쓰게 되면 어려운 일도 쉽게 할 수가 있고 힘든 일도 가만히 앉아서 할 수가 있지요. 많이 배우고 지식을 쌓으면 힘 안 들이고 일생을 편안하게 살 수도 있답니다."

자공은 자기가 선비라는 것을 자랑하듯 지식을 들먹거리면서 열변을 토하였다. 노인은 자공의 말을 한참이나 듣고 있다가 그의 말이 끝나자마자 다시 바가지를 집어들고 물긷는 일을 계속하였다. 그리고 천천히 입을 열면서 말을 하는 것이었다.

"나는 일찍이 우리 스승님에게서 이렇게 배웠소. 많이 배우고 지식만을 쌓아가면 몸을 아끼고 머리만을 쓰게 되고, 머리를 쓰게 되면 쉬운 일만 생각하게 되고, 힘 안 들이고 인생을 살아가려는 얕은 꾀만 늘어간다고 말이오. 마음은 소중한 것이오. 지식만을 믿고 쉬운 것을 찾아가다 보면 요행을 바라게 되고 모든 일을 건성으로 해치우려는 요령만이 생겨나 어느덧 타고난 대로의 마음을 지키지 못하게 됩니다. 간특하고 교사스러운 잡념으로 마음은 흔들리게 되고, 잡념은 잡념을 낳아 시기와 질투로 곤두박질치는 경쟁심으로 끓어올라 꿈속에서조차 마음이 편할 날이 없을 것이오. 기계를 사용하면 힘 안들이고 살 수는 있을지 모르나 평안하고 행복하게 살 수는 없을 것이오. 기계에 의탁하여 몸만 편히 살려는 것을 기심機心이라고 하지요. 나도 용두레를 만들고 도르래에 두레박을 매달아 물을 푸면 좋은 줄을 알고 있지만 몸이 편하자고 소중한 마음을 타락시킬 수는 없는 일이기에 다소 번거롭기는 하지만 이렇게 물동이로 물을 긷고 있는 것이라오. 그러나 마음에 잡념이 일어나지 않고 다른 사람보다 힘 안 들이고 쉽게 살려는 욕심만 버리고 나면, 이렇게 물을 긷고 있는 일도 당신이 생각하고 있는 것처럼 그렇게 힘들고 수고스러운 일이 아니라오. 내가 기계를 쓸 줄 몰라 이러는 것이 아니라 부끄러워 쓰지를 않는 것이라오. 일을 방해하지 말고 어서 돌아가시오."

노인은 말을 마친 뒤 물동이를 지고 다시 우물 안으로 들어가 버렸다.

기계가 있으면 반드시 기계를 쓸 일이 있게 되고, 기계를 쓸
일이 있으면 반드시 기계를 쓰려는 마음이 생기게 된다.
기계를 쓰려는 마음이 흉중에 가득하게 되면 순수한 마음이
사라지고, 순수한 마음이 사라지면 성정이 불안정하게 되
고, 성정이 불안정한 사람에게는 도가 깃들지 못한다.
내가 기계를 쓸 줄 몰라 쓰지 않는 것이 아니요 부끄러워 쓰
지 못하는 것이다.

有機械者必有機事, 有機事者必有機心, 機心存於胸中, 則純
白不備, 純白不備, 則神生不定, 神生不定者, 道之所不載也,
吾非不知, 羞而不爲也.   ―「天地」

세상을 그르치지 않는 말들

다섯

영혼과 인과론
그림자는 발은 자국이 없다
자네가 말한 것은 시계바늘이요, 시간이 아닐세
말의 덫
살아버린 삶

영혼과 인과론

신이 있다는 것을 안다는 것은
신을 안다는 것이 아니라
인과론을 안다는 것에 불과하네.
신을 믿고 있는 것이 아니라
인과론을 믿고 있다는 것이지.

영혼靈魂

맹랑선생 나의 영혼을 이토록 망가뜨리고 있는 것은 무엇인가?
악령인가? 천사인가?

감배공塪杯公 당신은 참으로 위대한 말을 하고 있네. 그렇지. 영
혼일세. 영혼만이 신神을 영접할 수 있다네. 하느님의
축복이 여기에 있지 않겠는가? 우리 인간에게 영혼을
주었다는 것은 구원의 약속이나 다름없거든. 악마의 손
길을 끊고 천사의 도움을 받게. 영혼을 망가뜨려서는
안되네. 잘못되지 않도록 지켜나가야만 하네.

천리공天理公 영혼이 맞고 보내는 것은 모두 허상虛像일 뿐, 신을
영접할 수는 없네.

무하자无何子　악마도 허상이요 천사도 허상이겠군.

천리공　신도 허상일세.

무하자　그렇다면 무엇이 실상인가?

천리공　그야 하늘과 땅 그리고 산천초목, 우리 앞에 직접적으로
　　　　마주 서 있는 만물들은 허상일 수가 없지.

무하자　만물이라고 하나, 만물의 어떤 것이 실상인가? 나무인
　　　　가 풀인가 돌인가 하늘에 떠있는 구름인가?

천리공　나무도 실상이고 풀도 실상이고 돌도 실상이고 하늘에
　　　　떠 있는 구름도 실상일세.

무하자　나무가 어디 있어 실상이 있으며 풀이 어디 있어 실상
　　　　이 있단 말인가? 소나무 잣나무는 보았으나 나무는 본
　　　　일이 없고, 바랭이 엉경퀴 쑥 갈대는 보았으나 풀은 본
　　　　일이 없는데 나무의 실상을 어디 가 찾고 풀의 실상을
　　　　무엇으로 찾는단 말인가?

천리공　그러나 소나무 잣나무는 보고 있지 않은가?

무하자　물론 보았지. 그러나 한낮에 보았을 때와 석양녘에 보
　　　　았을 때의 소나무 모습이 다르더군. 해가 넘어가고 어
　　　　두워지면 그나마도 보이지 않았네. 어떤 것이 실상인
　　　　가?

감배공　맙소사, 왜들 이러는가? 소나무 잣나무 따위가 무슨 문
　　　　제란 말인가? 한 영혼이 무너지고 있다는 것이 아닌가?

천리공　지금 그것을 말하고 있는 중일세. 악령도 천사도 없다
　　　　는 것을.

감배공 그런 소리 말게. 악령은 악마의 마음일세. 악마가 없다
면 이 세상에 어떻게 죄가 있으며 천사가 없다면 악의
수렁에서 누구의 도움을 받아 하느님의 손길을 잡을 수
있겠는가?

무하자 악마와 천사와 하느님이 있다는 말이로군.

감배공 그렇다네. 어떻게 없을 수 있겠는가?

맹랑선생 그러면 내 영혼은 무엇인가? 악마와 천사가 투쟁하는
장소가 아닌가? 싸움이 지나간 자리는 형극荊棘과 흉년
으로 피폐하고 만다고 했거늘. 악령이 이겨도 내 영혼
은 망가지고 천사가 이겨도 내 영혼은 망가질 것이니,
악마라 해서 싫어할 것도 없고 천사라 해서 좋아할 것
도 없는 것이로군.

천리공 하느님도 나는 허상이라고 생각하네.

무하자 천리공은 아까부터 허상을 말하고 있는데, 그 허상이란
없다는 뜻인가? 있기는 있는데 참 모습, 즉 실상은 아니
라는 말인가?

천리공 하느님이나 신, 악마, 천사 따위는 없다는 말일세.

무하자 영혼은 망가질 것도 구원받을 것도 없겠군.

감배공 무슨 말을 하고 있는 것인가. 모두들 마귀의 악령들로
가득 차 있군. 여러분이야말로 하느님을 간절하게 찾아
야 하네.

인과론因果論

맹랑선생 신神이 있는가? 신이 인간을 창조한 것은 실수다. 그렇지 않은가? 일부러 이렇게 만들지는 않았을 것이 아닌가. 신에게 어떻게 실수란 것이 있을 수 있을 것인가? 고의故意로 이렇게 인간을 불완전하게 만들었을 것이다. 그 저의가 무엇인가? 어떻게 해야 그 하느님의 심술을 감당해낼 수 있단 말인가?

무하자 신이 있다는 것을 믿고 있는가?

감배공 신이 있다는 것을 어떻게 믿지 않을 수 있겠는가? 하늘이 있고 땅이 있지 아니한가. 들에는 꽃이 피고 숲에서는 새가 날고 있다. 이 온갖 존재하는 것들이 창조자가 없이 어떻게 있을 수 있단 말인가?

무하자 신을 믿고 있는 것이 아니라 인과론因果論을 믿고 있다는 것이로군.

천리공 인과론은 믿어야 하네. 과학은 인과론의 바탕 위에서만 가능한 것이니까 말일세. 과학적 사고라고 할 수 있지. 필연의 법칙이라고 할 수 있고.

무하자 신은 과학적 사고에서 온 것이라고 해야겠군.

천리공 나는 신을 말하고 있는 것이 아닐세. 다만 모든 것은 원인을 가진다는 말이지. 신은 과학의 대상은 아닐세.

감배공 그러나 신이 있다는 것을 믿기는 하겠지?

천리공 꼭 그렇다고 할 수는 없네. 신이 있다 없다 하는 것은 그렇게 중요한 것이 아니니까!

감배공 신을 모독하고 있군.

천리공 나는 그저 신이 있다고도 없다고도 할 수 없다는 말을
      했을 뿐일세.

무하자 감공堪公! 내가 보기엔 당신이 오히려 신을 모독하고 있
      다는 생각이 드는군. 어떤가? 당신은 신이 있다고 믿고
      있지 않은가?

감배공 있다고 믿고 있지. 틀림없이 있네.

무하자 왜 그렇게 믿고 있는가?

감배공 아까도 말하지 않았는가. 신이 없다면 우리가 어떻게
      있을 수 있겠는가. 만물 우주도 마찬가지지. 모든 존재
      하는 것은 다 신이 만든 작품이라 해야 한단 말일세.

무하자 왜 우리 인간을 만들었다고 생각하나. 이름 없는 들판
      의 꽃은 차치하고라도 말일세.

감배공 신의 뜻을 우리 인간이 어떻게 알겠는가. 인간은 한없
      이 어리석은 존재일세. 그것은 아무도 알 수 없다네.

무하자 그렇다면 무엇을 믿는다는 것인지 알 수가 없군. 신이
      있다고 믿는 것이나 신이 없다고 믿는 것이나 무엇이
      달라진단 말인가. 결국 당신은 알 수 없는 것을 믿고 있
      는 셈이 아닌가?

천리공 당신은 목사가 아닌가? 목사란 무모한 사람이군. 알 수
      없는 것을 어떻게 믿을 수 있다는 것인가?

감배공 신이 있다는 것을 알고 있네.

무하자 있다는 것을 안다고 했는가? 그것이 무슨 아는 것인가?

258

우리가 무엇을 안다 모른다하는 것은 있다 없다고 하는 존재의 유有 무無를 말하고 있는 것이 아닐세. 무라면 즉 없다면, 안다 모른다는 것 자체가 성립되지 않네. 그렇다면 유 즉 존재한다는 것을 전제로 모든 것은 문제되는 것이 아니겠는가? 신이 있다, 존재한다라는 것만으로는 신을 아는 것이 아니라는 말일세. 신을 모른다 해도 신이 있다는 것을 전제하고 있으니까 말이네. 지금 당신은 신이 있다는 것을 안다고 주장하고 있지만 신에 대해서 무엇을 안단 말인가. 아무것도 모르고 있지 않은가. 더구나 조금 전에 신의 뜻은 아무도 알 수 없는 것이라고 하지 않았는가. 신의 뜻을 모르는데 신이 있다는 것을 안다는 것이 무슨 의미가 있는 것인가? 결국 당신은 신을 모른다는 것을 고백한 것에 지나지 않네. 그러니까 신이 있다는 것을 안다는 것은 신을 안다는 것이 아니라 인과론을 안다는 것에 불과하네. 신을 믿고 있는 것이 아니라 인과론을 믿고 있다는 것이지.

천리공 그러나 감공은 목사요 신학자니까 신을 믿고는 있을 것이네.

감배공 믿고 말고. 나는 신을 믿네.

무하자 그럼 신을 알고 있다고도 할 수 있겠군.

천리공 글쎄, 그것이 이상하단 말이야. 신은 분명 알 수 없다고 하면서 신학자들은 그 알 수 없는 것을 믿고 있거든.

무하자 그런가? 감공 당신은 정말 알 수 없는 것을 믿고 있는가?

감배공 나는 신을 알 수 없으나 신은 나를 알고 있으니 믿지 않
　　　을 수가 없네.

맹랑선생 신이 인간을 창조한 것은 그의 실수인가? 고의로 이렇
　　　게 만든 것인가. 인간은 조금도 아름답지도 않고 완전
　　　하지도 않고 더구나 도덕적이지도 않으니 실수로 그리
　　　된 것인가? 고의로 그리한 것인가?

감배공 사람의 생각으로는 신의 뜻을 알 수가 없네. 그러나 인
　　　간을 창조한 신의 목적은 분명 있을 걸세.

무하자 그것이 당신의 믿음이로군.

감배공 신은 결코 앎의 대상이 아니요, 믿음으로 마음속에 안아
　　　소중함만이 있을 뿐이라네.

천리공 신은 역시 나의 관심 영역은 아니로군.

그림자는 밟은 자국이 없다

孟浪之言

진리를 말하고 있는 사람은
진리를 알고 있는 것이 아니라
모르는 것을 아는 것으로 생각하고
말하는 경우라고 할 수 있겠군.

무하공无何公 한번 날개를 펴면 구만리 장천을 오르고 6개월을 하늘에 있다가 내려와 앉는 새가 있다고 하네. 어떤 물고기는 지느러미 하나가 몇천리나 되고 꼬리를 움직여 3천리 물결을 치솟게 하고 수만리 물 속을 한번에 옮겨간다고 하네. 사람들이 이 말을 믿겠는가?

맹랑공孟浪公 믿지 않지.

무하공 막고야산藐姑射山에 살고 있는 사람은 오곡을 먹지 않고, 바람을 마시며 이슬을 받아 먹고 산다고 하네. 피부는 눈같이 희고 살결은 처녀처럼 곱고 보드랍다고 하지. 하늘에 닿는 큰 홍수도 그들을 빠져 죽게 하지 못하고 산을 태우고 바위를 녹이는 불구덩이에 들어가도 그들은 뜨거워하지 않는다고 하네. 사람들은 이 말을 믿겠는가?

맹랑공 믿지 않지.

무하공 그러면 이 말은 모두 거짓말인가?

맹랑공 거짓말이라고 할 수는 없지.

무하공 어떤 말이 거짓말인가?

맹랑공 사실이 아닌 것을 사실인 것처럼 위장을 하는 말이라고 할 수는 있지. 그 반대일 수도 있고.

무하공 그러기 위해서는 사실인 것과 사실이 아닌 것을 분명히 알아야겠군!

맹랑공 알지 않고는 거짓말을 할 수 없겠지.

무하공 그것을 모르는 상태에서 하는 말은 거짓말이 아닌가?

맹랑공 거짓말이라고 할 수 없겠지. 그러나 모르는 상태에서는 말을 할 수 없다고 생각하네. 왜냐하면 말이란 어떤 내용을 담고 있어야 하는 것이니까. 그 내용을 우리는 의미라고 하지. 의미 없는 말은 있을 수가 없네.

무하공 알겠네. 말이란 반드시 의미를 가지는 것이어야겠군. 장자도 의미 없는 말은 구음穀音에 지나지 않는다고 했지. 그러니까 모르는 상태에선 아무 말도 할 수 없겠군.

맹랑공 그렇다고 생각하네.

무하공 그러면 거짓말이든가, 거짓말이 아니든가 둘 중 하나겠군.

맹랑공 거짓말이라고 해서 의미가 없는 것은 아니지. 말은 그

262

의미로 문제를 삼는다고 할 수 있지.

무하공 문제란 그 의미가 사실성을 가지느냐 아니냐 하는 것이 겠군.

맹랑공 그런 구별을 갖는다고 할 수 있네.

무하공 사실성을 담고 있으면 믿을 만한 말이고 그렇지 않으면 믿을 수 없는 말이라고 해도 되겠나?

맹랑공 그렇다고 말할 수도 있겠지.

무하공 앞에서 내가 물고기와 새에 대해 한 말은 믿을 수 없는 말이라고 했네. 그리고 자네는 그것을 거짓말이라고 할 수는 없다고 했네.

맹랑공 그렇게 말을 했지. 그러나 믿을 수 없는 말, 사실이 아닌 말이라는 것만을 가지고 거짓말이라고 할 수는 없다는 뜻이었네. 믿을 수 없는 말을 누구나 믿을 수 없는 말로 듣고 사실이 아닌 말을 누구나 사실이 아닌 말로 안다면 그것을 믿을 수 없는 말, 사실이 아닌 말을 한다고 해서 거짓말을 한다고 할 수는 없다는 것이었네. 그때는 그저 믿을 수 없는 말, 사실이 아닌 말일 따름이지. 앞에서 자네가 예로 든 말이 그런 말이 아니겠는가?

무하공 그러니까 거짓말은 사실과 사실 아닌 것과는 상관이 없다는 말이군.

맹랑공 상관이 없다고는 하지 않았네. 그러나 사실을 사실이 아닌 것처럼 꾸며서 말하거나, 사실이 아닌 것을 사실인 것처럼 말할 경우가 있네. 사실을 사실로서 말하고 사실이 아닌 것을 사실이 아닌 것으로 말한다면 그것을 어찌 거짓말을 한다고 할 수 있겠는가. 남을 속이려고 하는 말일 때만 거짓말은 문제가 된다고 할 수 있네.

무하공 그러나 사실을 말하는데도 믿지 않는다든가, 사실 아닌 것을 말하는데도 믿는 사람이 있을 수 있지 않겠는가. 그때는 어떻게 되는가. 속이려고 하는 말이 아닌데도 실제로는 속아넘어가는 경우가 있지 않겠는가.

맹랑공 그것은 거짓말과는 좀 다른 문제라고 할 수 있네. 그리고 그것을 속아넘어간 것이라고는 할 수 없네.

무하공 속이려는 마음을 가지고 말을 하는데도 속지 않는 경우도 있지 않겠는가.

맹랑공 그렇지. 속아넘어가는 경우도 있고 속지 않는 경우도 있지. 어린아이에게 하는 거짓말, 어머니가 아이를 달래느라고 흔히 그런 거짓말을 하고 있네만, 그런 거짓말에 아이는 속지만 어른들은 속아넘어가지 않지. 그러나 말일세. 누구나 다 속아넘어가거나 다 속아넘어가지 않거나 하는 거짓말은 있을 수가 없네. 만약 그런 경우가 있다면 비록 속이려는 마음을 가지고 하는 말이라 하더라도 그것을 거짓말이라고 할 수는 없네. 그것을 판명할 방법은 없을 테니까 말이네. 그러니까 그런 완벽한 거짓말은 있을 수가 없네. 있다면 그것은 거짓말이 아니라 진리를 말한 것이라고 해도 무방하겠지.

무하공 내가 처음 앞에서 말한 것은 장자가 한 말이네. 그 말에 속아넘어갈 사람은 아무도 없네. 그리고 그것은 거짓말이 아니라고 자네가 말을 했네. 그러면 장자는 진리를 말한 것이라고 할 수 있겠나?

맹랑공 글쎄. 그렇다고 단정해 말할 자신은 없네. 그러나 장자가 거짓말을 한 것이 아니라고는 말할 수 있을 것 같네. 왜냐하면 그의 말을 믿지 않으면서도 오랜 세월 모두들 소중하게 여기고 있지 않은가. 그 점은 어떻게 생각해야 할지 잘 모르겠네.

무하공 공자의 말은 어떤가. 그의 말은 장자의 말과는 너무도 다르지 않은가. 진리를 말하고 있는 것이라고 할 수 있겠는가?

맹랑공 물론 다르지만, 그러나 진리를 말하고 있는지는 알 수가 없네.

무하공 그러면 진리를 담고 있는 말이 또 있다는 말인가?

맹랑공 그런 뜻으로 하는 말은 아니었네. 나는 무엇을 진리라고 하는지 알지 못하고 있으므로 말을 할 수 없다는 뜻으로 한 것이었네.

무하공 조금 전에 자네는 완벽한 거짓말이 있다면 그것은 거짓말이 아니라 진리를 말한 것이라고 해도 무방하다고 하지 않았는가. 그때 진리라고 한 말은 무엇인가? 진리가 무엇인지 모르면서 진리라는 말을 했단 말인가?

맹랑공 결국 그런 셈이군. 달리 대답할 말이 없군 그래.

무하공 그러나 아까 모르는 상태에서는 아무것도 말을 할 수 없다고 하지 않았는가?

맹랑공 그렇게 말을 하니 궁색한 대답이라도 하지 않을 수 없겠군. 자네가 그냥 넘어갈 것 같지 않으니까 말일세. 사실 모르는 상태에서는 아무 말도 할 수 없다는 것에 대해서는 앞에서 자네도 나와 함께 인정을 하고 있었다고 보네. 그러나 지금 내가 진리를 모르면서 진리를 말했다고 해서 그 말을 뒤집는다고는 생각지 않네. 왜냐하면 말이란 의미를 가질 때만 성립하는 것이라고 한다면 아까 우리는 그런 이야기를 하였네. 그렇다면 내가 진리를 모르면서 진리를 말했다는 것이 말을 한 것이냐 아니면 말을 한 것이 아니냐에 문제가 있어야 할 것 같군. 그렇지 않은가? 그런데 지금 자네는 내 말을 말이 아니라고 문제를 삼고 있는 것은 아니지 않는가. 그것은 곧 나는 말을 한 것이라는 것이겠지. 그렇지 않은가?

무하공 물론이지. 자네가 한 말을 말이 아니라고는 할 수 없네. 분명 나름대로 의미를 가지고 있으니까.

맹랑공 그러면 이제 대답을 할 수 있을 것 같군. 진리가 무엇인지 모르면서 진리를 말하고 있다는 것은, 모르는 상태에서 말한 것이라기보다 "진리는 모른다" 하는 것은 알고 말한 것이라고 해야 한다는 것이네. 그러니까 앞에서 "완벽한 거짓말은 진리를 말하고 있는 것이라고 해도 무방하다"고 한 말은 진리가 무엇인지 모르는 상태에서가 아니라 "진리가 무엇인지를 모른다"는 것을 안 상태

에서가 아니고서는 말을 할 수가 없었을 것이라는 것이
지.

무하공 그러면 진리가 무엇인지를 모르는 것이라면 진리 자체
에 대해서는 말할 수 없는 것인가?

맹랑공 자네는 같은 말을 또 되묻고 있는 셈이군.

무하공 진리에 대해서 말을 하고 있는 사람들이 있으니까 하는
말이네.

맹랑공 그런 사람들이 있다면 진리를 알고 있는 사람이라고 해
야겠지.

무하공 자네는 진리를 모르고 있으나 다른 사람은 진리를 알
수도 있는 것이라는 뜻인가. 다시 말해서 진리는 사람
에 따라 알 수도 있고 모를 수도 있는 것인가 하는 것일
세.

맹랑공 그렇다고 해야 하지 않겠는가? 그러나 그들이 말하는
진리가 진리인지는 나는 알 수가 없네. 나는 진리를 말
할 수 없으니까 말일세. 나는 진리는 알 수 없는 것이라
고 생각하고 있네.

무하공 그러니까 자네 말대로라면 진리를 말하고 있는 사람은
진리를 알고 있는 것이 아니라 모르는 것을 아는 것으
로 생각하고 말하는 경우라고 할 수 있겠군.

맹랑공 내 경우라면 그렇다고 말할 수 있네.

무하공 그러나 저들이 거짓말을 한다고 할 수는 없겠군. 모르
는 것을 아는 것처럼 꾸며서 말하는 것이 아니라 아는

것으로 생각하고 진리를 말하고 있으니까.

맹랑공 그렇지. 그들이 말하는 진리가, 진리는 아니라 하더라도 거짓말을 하고 있다고는 할 수 없겠지.

무하공 그러니까, 공자가 거짓말을 하고 있는 것이 아닌 것만은 확실하다고 할 수 있겠군. 그러나 그가 진리, 즉 도道를 말하고 있다고 하더라도 도를 안 사람이라고 하기는 어렵겠군. 도는 알 수도 말할 수도 없는 것이니까 말일세.

맹랑공 그러나 그는 알 수 없는 도를 말한 것이라기보다 알 수 있는 도를 말한 것이라고 해야겠지.

무하공 그 말은 도에는 알 수 있는 도와 알 수 없는 도 두 가지가 있을 수 있다는 뜻인가?

맹랑공 그렇다고 어찌 그럴 수야 있겠는가. 도가 두 가지로 있을 수는 없겠지. 중요한 것은 모두 거짓말을 하고 있는 것은 아니라는 점일세. 그저 사실 아닌 것을 말하는 것과 사실을 말하는 것만 있을 수 있다고 해야겠지.

무하공 그것을 쓸모 없는 말과 쓸모 있는 말이라고 해도 되겠는가?

맹랑공 그러나 쓸모 없는 말은 세상을 그르치는 일이 없으나 쓸모 있는 말은 세상을 그르치지 않기가 힘들지.

무하공 공자의 말은 쓸모 있는 말인가 쓸모 없는 말인가?

맹랑공 그의 말이 비록 진리를 담고 있는지는 알 수 없다 하더라도 쓸모 있는 말이라는 것을 인정하지 않는 사람은 없겠지.

무하공 그러면 공자의 말은 세상을 그르치지 않는 쪽보다는 세
　　　상을 그르치는 경우가 더 많겠군.

맹랑공 세상을 그르치지 않는 말을 맹랑지언孟浪之言이라고 하
　　　네. 공자의 말은 맹랑지언은 아닐세.

무하공 사람들이 자네를 맹랑孟浪선생이라고 하는 것은 비난하
　　　는 말이 아니겠군.

맹랑공 비난하는 말은 아닐지 모르나 쓸모 없는 사람이라는 뜻
　　　으로 그리 부른다고 하니까 칭찬하는 말은 아니겠지.

무하공 산목散木에 도끼질을 하는 사람은 없다고 하지 않는가.
　　　누가 자네를 해치려 하지는 않겠군.

맹랑공 그림자는 밟아도 밟은 자국이 없고 지나가도 지나간 흔
　　　적을 남기는 일이 없으니 자네만이야 하겠는가?

자네가 말한 것은 시계바늘이요, 시간이 아닐세

時間과 空間

개념은 많은 다른 것 중에서 동일성을 잡아내는 것을
말하는 것이 아닌가? 그러므로 개념은 아무런 개별적 구체성을
드러내지 못하네. 그러한 개념이 바로 인식내용이 아니겠는가?
그러니까 인식상에서는 동일성이 가능하다는 것이네.
그러나 그것이 사실의 세계는 아니네.

무하자无何子 세상에 같은 것이 있으면 큰일난다는 말을 한 일이
있는가?

맹랑자孟浪子 오래 전 일일세. 강단을 떠나기 전에 학생들에게
동일성을 말한 일이 있네.

무하자 지금도 같은 생각인가?

맹랑자 그렇다네. 만물萬物은 다 다르게 있다고 생각하네.

무하자 만물은 존재자를 이름이 아닌가? 동일한 존재자는 없
다는 뜻인가?

맹랑자 생각해보게나. 어떻게 동일한 것이 있을 수 있겠는가?
모든 존재자는 시·공간상에서만 존재할 수가 있네. 동

일 시간 동일 공간에 두 개가 있을 수는 없지.

무하자 동일 공간에 두 개가 존재할 수는 없지만 동일 시간에는 두 개가 있을 수 있지 않겠는가?

맹랑자 그렇지 않네. 동일 공간에 두 개가 있을 수 없다면 동일 시간에도 두 개가 있을 수 없네.

무하자 자네와 나는 지금 동일 시간에 앉아 있는 것이 아닌가?

맹랑자 그렇지. 자네와 나는 지금 동일 시간에 앉아 있지. 지금만이 아니라 살아 있는 한 늘 동일 시간에 있다고 할 수 있네.

무하자 그러면 동일 시간은 있다는 것이 아닌가? 시간에는 같은 것이 있을 수 있다는 것인가?

맹랑자 공간에도 동일 공간이 있다고 할 수 있지. 나는 지금 어제 앉았던 자리에 앉아 있네. 같은 자리 즉 같은 공간에 있다고 할 수 있지.

무하자 그런데, 왜 세상에는 같은 것이 있을 수 없다고 했는가? 더구나 같은 것이 있으면 큰일난다고까지 하지 않았는가? 큰일이란 질서를 말하는 것이라고 생각하네만.

맹랑자 그러나 같은 것은 없네.

무하자 무슨 말인가 같은 것이 없다니? 방금 동일 시간 동일 공간이 있다고 하지 않았는가?

맹랑자 자네는 시간과 공간을 무엇이라고 생각하나?

무하자 시간은 시계바늘이 돌아가는 대로 흘러가는 것이고, 공간은 우리가 앉아 있는 곳이 공간이 아니겠는가?

맹랑자 자네는 시간을 본 것처럼 생각하고 있네 그려. 공간도 만져본 것처럼 말하고 있군.

무하자 그것은 또 무슨 말인가? 시간과 공간은 없다는 뜻인가?

맹랑자 나는 없다고는 말하지 않았네. 없다는 것은 결국 무無라는 말이 아니겠는가?

무하자 무라고 할 수 있겠지.

맹랑자 나는 시간과 공간을 무라고는 하지 않았네.

무하자 그러면 시간과 공간이 없다는 말은 아니라는 뜻이군. 시간과 공간을 어떻게 없다고 말할 수 있겠는가?

맹랑자 그러나 시간과 공간이 있다고도 말하지 않았네.

무하자 도대체 지금 자네는 무슨 말을 하자는 것인가?

맹랑자 글쎄. 이 세상에는 같은 것이 있는가 없는가에 대해서 말하고 있는 것이 아니겠는가? 그렇지 않은가?

무하자 그렇지. 자네는 같은 것, 동일한 것이란 있을 수 없다고 학생들에게 강의한 일이 있다고 했네. 그리고 그것은 지금도 같은 생각이라고 했네.

맹랑자 그랬지. 모든 존재하는 것은 다 다르게 있는 것이라고 했네. 그리고 지금도 그 생각에는 변함이 없네. 그런데 자네는 동일한 시간 동일한 공간을 말하면서 같은 것이 없다는 것은 잘못된 생각이라고 내게 말하고 있는 것이 아닌가?

무하자 동일한 시간 동일한 공간은 자네도 인정하지 않았는가? 결국은 같은 것도 있다는 것을 인정한 것이라고 할 수 있네.

맹랑자 그러나 나는 그 시간과 공간을 무엇이라고 생각하고
있는지 자네에게 물었네. 그리고 자네는 그것을 본 것
처럼 말하고 만져본 것처럼 이야기를 했네. 그러나 자
네는 시간을 말한 것도 공간을 이야기한 것도 아니라
는 것이네. 자네가 기껏 말한 것은 돌아가는 시계바늘
을 말했고 앉아 있는 의자를 말했을 뿐이었네. 시계바
늘이 시간은 아니고 의자가 공간은 아니지 않는가?

무하자 그야 물론 시간이 시계바늘은 아니고 의자가 공간은 아
니지. 그렇다고 시간과 공간을 달리 말할 수는 없지 않
겠는가?

맹랑자 그런 것에 의탁하지 않고는 말할 수 없는 것이라면 시
간과 공간은 결국 물상物象, 곧 존재자와 관계하지 않고
는 말할 수 없는 것이 아니겠는가?

무하자 그렇다네. 그러니까 시간과 공간은 분명히 있는 것이라
고 할 수 있네. 없다면 물상에 의탁하거나 관계할 수 없
을 테니까.

맹랑자 그러나 있는 것은 물상뿐일세. 시간을 말하나 있는 것
은 시계바늘만이 있고 공간을 말하나 있는 것은 의자가
있을 뿐일세.

무하자 물론 있는 것은 시계바늘과 의자라고 할 수 있으나 시
간과 공간이 함께 있는 것이 아니겠는가?

맹랑자 그러나 물상을 떠나 따로 시간과 공간이 독립해 있는

것은 아니겠지? 그것은 인정하나?

무하자 인정하네. 그러나 시간과 공간은 있는 것이네. 다만 함께 있을 뿐이지.

맹랑자 그 함께 있다는 것은 물상을 두고서야만 시간과 공간을 말할 수 있다는 것이 아니겠는가?

무하자 그렇다고 할 수 있네. 그래서 시간과 공간은 물상에 관계하거나 의탁해서 말하게 되는 것이라고 했지. 그것은 조금 전에도 말하지 않았는가?

맹랑자 그렇다면 말일세. 이렇게 생각해보면 어떻겠는가? 시간과 공간은 결국 물상을 설명하는 것이라고 말이네. 물상의 동動과 정靜, 곧 변화를 설명하는 것이 시간이고, 물상의 형상形象 곧 모양을 설명하는 것이 공간이라고.

무하자 그러나 그 반대로 생각할 수도 있지 않겠는가? 시간을 설명하기 위하여 시계바늘을 말하게 되는 것처럼 공간을 설명하기 위하여 의자를 말하게 되는 것이라고 말일세.

맹랑자 그렇게 말할 수도 있겠군. 그러나 아무래도 그것은 무리가 있는 것이라고 생각하네. 물상은 존재자이지만 시간과 공간을 존재자라고 할 수는 없지 않은가?

무하자 그러면 시간과 공간은 무엇인가?

맹랑자 물상의 형식, 곧 존재자의 존재형식이라고 보네. 물론 물상은 존재형식에 의해 존재하는 것이지만, 존재하는 것은 물상이요 형식은 아니라고 생각하네. 형식은

어디까지나 존재자의 존재형식이요 존재자는 아니
지.

무하자 그러나 형식 없이 물상이 존재할 수는 없지 않은가?

맹랑자 그렇지. 형식 없이 존재할 수는 없지. 존재한다면 그것
은 물상이나 존재자는 아니지.

무하자 그런 존재자가 있다고 보는가? 형식 없는 존재자 말일세.

맹랑자 무물지상無物之象이 그런 존재를 말하는 것이라고 보네.
무상지상無象之象이라고도 하지. 그러나 그런 존재는 말
할 수도 설명할 수도 없는 것이네. 그러므로 물상도 존
재자도 아니라고 할 수 있지. 그것을 도道라고도 하네
만, 도는 시·공간의 형식을 가지지 않고 있는 존재를
말하네. 그것은 어떤 경우라도 문제삼을 수 없는 존재
지. 그러니까 지금 우리는 그것을 문제삼고 있는 것이
아니네. 그것은 도대체가 문제삼을 수 없는 것이니까.
그래서 시간과 공간을 말하게 되는 것이라고 생각하네.
존재자와 존재자의 존재형식 말일세. 존재형식을 가지
고 존재하는 것을 물상이라고 한다는 것 말이네. 그것
을 존재자라고 하지.

무하자 그리고 그 존재자의 세계에서는 동일한 것이 없다는 것
이었네.

맹랑자 그렇다네. 존재자의 세계에서는 다르게 존재한다는 것
이었네.

무하자 그러나 결국 다시 처음의 문제로 돌아가네만, 동일 시간

동일 공간이 있을 수 있다면 우리는 이미 그것을 인정
했네. 그렇다면 동일한 존재자도 있을 것이 아닌가? 시
간과 공간의 형식 속에서만 존재할 수 있는 것이 존재
자 곧 물상이니까 말일세.

맹랑자 그렇지 않네. 내가 앞에서 동일 시간 동일 공간을 인정
한 것은 형식만을 가지고 말한다고 했을 때 그렇다는
것이요, 그리고 또 시간과 공간을 분리하여 따로따로
다른 시간과 공간을 문제삼을 때 그렇다고 하는 것을
인정한 것이었네. 그러나 시간과 공간은 물상을 떠나
형식만으로 있을 수는 없는 것이요, 시간과 공간 또한
분리해, 시간 따로 공간 따로 있을 수는 없는 것이고
보면 시간과 공간은 언제나 함께 있는 것이 아닌가?
그렇다고 본다면 동일 시간 동일 공간은 공허한 것일
세. 도대체가 시간과 공간은 물상을 떠나서는 공허한
것이니까. 그래서 형식이라고 하는 것이 아니겠나?

무하자 형식만으로는 비록 공허하다 하더라도 물상에서 말하게
되는 만큼 물상에서는 그것이 공허한 것이 아니지 않는
가?

맹랑자 그렇지. 공허한 것이 아니지. 그러나 그때는 형식을 말
하는 것이 아니요 물상을 말하는 것일세. 형식은 물상
을 떠나 있을 때만 형식이요 물상에 내려오면 형식이
아닐세. 그러므로 형식은 언제나 공허한 것이네. 자네
가 지금 공허한 것이 아니라 하는 것은 형식을 말하는

것이 아니라 물상을 말하고 있는 셈이네.

무하자 그러면 동일 시간, 동일 공간이 있다 하더라도 물상에서
는 없어진단 말인가?

맹랑자 그렇다네. 물상에서는 오직 물상만이 있을 뿐, 시간과
공간은 있는 것이 아니네, 그러므로 동일 시간 동일 공간
을 말한다 하더라도 그것으로 동일 물상을 말할 수는 없
네.

무하자 그러니까 시간과 공간에서는 동일성을 말할 수 있으나
물상에서는 동일성을 말할 수 없다는 뜻인가?

맹랑자 시간과 공간은 물상의 존재형식일세. 형식만으로는 시
간과 공간을 분리해 말할 수 있고 또 동일 시간 동일 공
간을 상정할 수 있으나, 그것은 공허한 것이라고 앞에서
말을 했네. 그러므로 물상에서는 그렇게 설명할 수가
없네. 시간적 물상, 공간적 물상이라는 말을 하기는 하
나 그것은 결코 두 개의 물상을 말하는 것일 수는 없네.
시간과 공간이 분리되어 존재하는 것이 아니요 물상에
서는 언제나 함께 하는 것이기 때문이지. 시간형식 속
에 존재하는 물상과 공간형식 속에 존재하는 물상으로
나뉘어 존재할 수는 없다는 뜻이네. 시간만으로 존재하
는 물상과 공간만으로 존재하는 물상은 없다는 것이네.
"만물은 변한다"라고 하는 역易의 변화는 그것을 두고
하는 말이네.

무하자 그러나 변화하는 물상과 변화하지 않는 물상이 있는 것

이 아닌가?

맹랑자 "만물은 변한다"라는 것은 시간적 물상을 말하는 것이라는 뜻인가?

무하자 그렇게 보아야 변하지 않는 물상과 구별할 수 있지 않겠는가?

맹랑자 그러나 물상은 그렇게 존재할 수 없다는 것을 이미 말하였네. 시간과 공간은 형식상에서는 분리되는 것이지만 물상에서는 분리되는 것이 아니라고 말일세. 그러므로 변한다 하더라도 시·공간상에 있는 물상을 말하는 것이요, 변하지 않는다 하더라도 시·공간상에 있는 물상을 말하는 것이네. 시간과 공간이 물상의 존재형식인 까닭이 여기에 있네.

무하자 그러면 변화하는 물상과 변화하지 않는 물상을 어떻게 구별한다는 것인가?

맹랑자 그것은 시간과 공간을 분리하는 데서만 가능한 것이지. 그 분리하는 과정을 우리는 인식이라고 하는 것이네.

무하자 그러니까 인식상에서는 시간적 물상과 공간적 물상이 있을 수 있다는 것이군.

맹랑자 그렇다네. 인식상에서만 있을 수 있네. 그러나 "만물은 변한다"라고 할 때의 물상은 그런 인식상의 물상을 말하고 있는 것이 아니라고 보네. 즉 시간적 물상이 아니라는 것일세. 역易에서 변화로 이야기되는 물상이 그러한 물상일세. 모든 존재자는 시·공간상에 있다라는 존재자의 존재정의로서 말하고 있는 것이 역의 물상이기 때문일세.

무하자 그러나 역에서의 물상도 인식될 때에는 시간적 물상과 공간적 물상으로 마주 서는 것이 아니겠는가?

맹랑자 그렇다네. 그래서 변역變易을 말하고 불역不易을 말하게 되는 것이라고 생각하네. 그러나 이것은 그렇게 인식한 다는 것이요 물상이 그렇게 존재한다는 것을 말하고 있는 것은 아니라고 보네. 왜냐하면 '모든 존재하는 것은 시공간상에 있다' 라는 것이 역에서 내리는 존재자의 존재정의이고 보면 불역은 있을 수 없는 것이라는 뜻일세. 불역은 시간 없는 공간에서만 가능한 개념이 아니겠는 가?

무하자 그러나 시간과 공간을 분리하는 작업이 우리의 인식이 라고 한다면 자네는 분명 그렇게 말을 했네. 그렇게 밖 에는 마주 세울 수 없는 것이 물상이 아닌가?

맹랑자 그렇다네. 그것이 바로 우리가 물상을 대하는 인식의 한계요 결함이라고 할 수 있네. 역의 핵심은 바로 그러 한 인식의 한계와 결함을 지적함에 있네.

무하자 역철학의 핵심은 물상에 있는 것이 아니라 인식문제에 있다는 것이로군.

맹랑자 그러나 그 인식문제가 물상에 대한 인식이고 보면 물상 을 문제삼고 있는 철학이라고도 할 수 있네. 말하자면 직접 마주서는 인식된 물상과 존재정의에서의 물상을

다루면서 인식, 곧 앎의 지평을 열어가는 것이라고 생각
할 수 있겠지.

무하자 그것이 동일성과는 어떻게 되는 것인가? 이 세상에는
같은 것이 있을 수 없다는 것으로부터 우리는 대화를
시작했네.

맹랑자 동일성의 기반 위에서는 인식의 지평을 열어갈 수가 없
네. 왜냐하면 인식의 한계와 결함이 드러나지 않기 때
문일세.

무하자 인식의 한계와 결함이 드러난다고 해서 인식을 뛰어넘
을 수는 없는 것이 아닌가?

맹랑자 인식을 뛰어넘는다는 것이 아닐세. 어떻게 인식을 넘어
설 수 있겠는가. 흔히들 직관이니 깨달음이니 하고 인
식을 뛰어넘는 것으로 말을 하네만 사실은 인식을 뛰어
넘는 것이 아니라 인식을 새롭게 하는 데 지나지 않네.
나는 그것을 인식의 지평을 열어가는 것이라고 하였네.
인식의 전환이라고 해도 무방할 듯하군.

무하자 인식은 물상에서의 시간과 공간의 분리작업이라고 했
네. 그러면 인식의 전환이라는 것은 무엇인가?

맹랑자 그것은 재분리작업이라고 할 수 있겠지. 그러기 위하
여서는 다시 물상으로 돌아갈 수밖에 없네. 그 물상
이 시 · 공간상에서 말하는 역의 물상이라고 보네. 인
식된 물상이 아니라 존재정의상의 물상이라는 말이
네.

무하자 알겠네. 그러니까 동일성은 인식된 물상에서만 문제되
는 것이요, 존재정의상의 물상에서는 말할 수 없는 것이
라는 얘기군.

맹랑자 그렇다고 할 수 있네. 그것을 달리 말하면 개념상에서
는 동일성이 있으나 실재상에서는 동일성이 없다고 할
수 있지. 동양에서 언어가 항상 문제가 되고 있는 것은
그 때문이라고 생각하네.

무하자 그렇군. 인식문제는 곧 언어의 문제가 되겠군.

맹랑자 언어는 동일성, 보편성, 불변성의 기반 위에서만 그 기
능을 가질 수가 있네. 우리는 그것을 의미라고 하고 개
념이라고 하지. 개념은 많은 다른 것 중에서 동일성을
잡아내는 것을 말하는 것이 아닌가? 그러므로 개념은
아무런 개별적 구체성을 드러내지 못하네. 그러한 개념
이 바로 인식내용이 아니겠는가? 그러니까 인식상에서
는 동일성이 가능하다는 것이네. 그러나 그것이 사실의
세계는 아니네. 역은 바로 이러한 인식세계와 사실세계
를 혼동하지 말라는 것이네. 노자 장자 철학의 핵심도
바로 여기에 있고 불교도 그것은 마찬가지라고 할 수
있네. 이들 철학에서 시간과 공간이 문제가 되고 언어
가 문제가 되고 있는 까닭이 그 때문이라고 생각하네.
그 모든 것은 결국 앎의 지평을 열어가는 데 있는 것이
라고 할 수 있지.

무하자 요즈음 나노 공간nano meter을 말하는 사람이 있네. 들

어본 일이 있는가?

맹랑자 무슨 엉뚱한 소리인가? 나노 시간은 왜 말하지 않느냐
는 것인가? 찰나刹那가 바로 그 나노 시간nano sec이 아
니겠는가?

말의 덫

"불은 뜨겁다"라는 말을
말로서가 아니라 사실로 받아들이면
'火'자를 써놓고 솥을 걸어
물을 끓이려는 일이 생기게 되네.

무하자无何子 모기가 태산을 등에 지고 창해를 건넜다면 그대는

그 말을 믿겠는가?

맹랑자孟浪子 믿어야겠지.

무하자 어떻게 그것을 믿는단 말인가.

맹랑자 자네가 방금 그 말을 하지 않았는가.

무하자 말을 했지.

맹랑자 그리고 나는 그 말을 알아들었다고 생각하지 않나?

무하자 알아들었겠지.

맹랑자 그 말을 믿지 않으면 내가 어떻게 알아들을 수 있었겠나?

무하자 그러면 그 사실을 믿는단 말인가?

맹랑자 나는 그 말을 믿는다고 했지, 사실을 믿는다고는 하지
       않았네.

무하자 말을 믿는다는 것은 그 사실을 믿는다는 것이 아닌가?

맹랑자 내가 묻겠네. 모기가 태산을 지고 바다를 건너간 사실
       이 있는가?

무하자 없지. 어떻게 그런 사실이 있을 수 있겠는가?

맹랑자 그러나 그 말은 있지 않은가?

무하자 사실은 없더라도 말만 있으면 그 말은 믿을 수 있다는
       것인가?

맹랑자 말이 있는데 어떻게 있는 말을 믿지 않을 수 있겠는가?

무하자 말은 다 믿을 수 있는가?

맹랑자 믿을 수 있다고 나는 생각하네.

무하자 거짓말도 믿을 수 있다는 뜻인가?

맹랑자 무엇이 거짓말인가?

무하자 사실은 없고 말로만 있는 것 말일세.

맹랑자 말에는 사실이 있을 수 없다고 생각하네.

무하자 그러면 무엇이 있는가

맹랑자 의미만이 있을 뿐이지.

무하자 의미가 바로 사실이 아니겠는가?

맹랑자 자네는 그렇게 생각하나? 그렇다면 말은 다 사실이어야
       하네.

무하자 그렇지. 사실이 아니면 거짓말이 아니겠나?

맹랑자 자네는 의미 없는 말도 있을 수 있다고 생각하나?

무하자 의미 없는 말은 있을 수 없지.

맹랑자 그러면 사실이 아닌 말도 있을 수 없겠군. 그렇지 않은가?

무하자 그럴 수 있겠군.

맹랑자 그렇다면 거짓말도 있을 수 없겠지.

무하자 그러니까 의미가 사실일 수는 없다는 이야기로군.

맹랑자 그렇다네. 말은 의미만을 가지고 있을 뿐, 사실을 가지고 있는 것이 아니네. 모기가 태산을 지고 바다를 건넜다는 것은 분명 말이므로 의미를 가지고 있지. 그러나 그 말은 의미만을 가지고 있을 뿐 사실을 가지고 있지 않네. 그렇지 않은가? 모든 말이 다 그렇다고 나는 생각하네.

무하자 그러나 모기가 태산을 지고 바다를 건넜다는 말에는 사실이 없다고 하겠으나 사람이 배를 타고 바다를 건넜다면 그 말에는 사실이 있다고 해야 하지 않겠는가? 모든 말이 다 그렇다고 할 수는 없지.

맹랑자 말에는 의미만 있을 뿐 사실은 있을 수 없다고 말을 했네. 그것을 동의할 수 없다는 것이군.

무하자 동의할 수 없네. 의미만을 가지고 있는 말도 있고 사실을 가지고 있는 말도 있다고 보네. 그렇지 않으면 앞의 두 말, 즉 거짓말과 거짓말이 아닌 것을 구별할 수 없을 것이 아닌가?

맹랑자 사람이 배를 타고 바다를 건넜다는 말에는 사실이 있다고 했는가?

무하자 분명 그런 말을 했네.

맹랑자 그러면 이런 경우를 한번 생각해 보기로 하지. 가령 "불
은 뜨겁다"라는 말을 한다면 그 말에도 사실이 있겠군.

무하자 물론일세. 사실이 있지. 그렇지 않으면 불은 뜨겁지 않
을 테니까?

맹랑자 그러면 '불 '이라는 말에도 불이라는 사실이 있겠군.

무하자 그렇지. 사실이 없으면 불이 아니겠지.

맹랑자 그러면 불은 뜨겁겠군.

무하자 뜨겁지.

맹랑자 그러면 손가락을 입에 대고 불이라는 말을 해도 뜨겁겠군.

무하자 그야 말인데 어떻게 뜨겁겠나?

맹랑자 방금 불이라는 말에는 뜨겁다는 사실이 있다고 하지 않
았는가?

무하자 불이라는 말이 뜨거운 것이 아니라 불이라는 사실이 뜨
겁다는 뜻이었네.

맹랑자 그러면 무엇이 뜨거운가?

무하자 사실의 불이 뜨겁지.

맹랑자 그러면 이제 내 말이 조금 분명해질 것 같군. 말은 의미
만을 가지고 있을 뿐 사실은 가지고 있지 않다는 것에
대해서 말일세. 자네는 조금 전에 이 말을 동의할 수 없
다고 했네. 지금도 마찬가지로 동의할 수 없는가?

무하자 그러나 말이 의미만을 가지고 있고 사실은 가지고 있
지 않다면 말은 모두 사실과는 무관한 것인가를 묻고
싶네.

맹랑자 아직도 내 말에는 동의할 수 없다는 뜻인가?

무하자 동의할 수 없다는 것이 아닐세. 의미가 사실일 수 없는 것이고 보면 말이 사실을 가지고 있지 않다는 것은 분명해졌다고 볼 수 있네. 다만 말이 가지는 의미가 사실과는 무관한 것인가 하는 점일세.

맹랑자 자네는 어떻게 생각하나?

무하자 나는 사실과 무관하다고는 생각지 않네.

맹랑자 의미는 무엇이라고 생각하나?

무하자 처음에는 의미가 곧 사실일 수 있다고 생각했으나 지금은 달라졌네. 의미는 사실에 대한 표현이라는 생각이 드네. 그러므로 사실과 무관하게 의미가 존재한다고는 볼 수 없네.

맹랑자 모기가 태산을 짊어지고 창해를 건넜다는 것은 사실인가?

무하자 그것은 사실일 수가 없지.

맹랑자 그러면 사실에 대한 표현이 아니고도 의미는 가질 수 있군.

무하자 그러나 그러한 의미는 참다운 의미가 아닐세. 말이 참다운 의미를 가지지 못할 때 우리는 그것을 거짓말이라고 하는 것이 아닌가?

맹랑자 그렇다고 말할 수도 있지. 그러나 나는 말의 의미를 말하고 있는 것이지. 그 의미가 참다운지 아닌지를 이야기하고 있는 것이 아닐세.

무하자 나도 물론 말의 의미를 이야기하고 있네. 그러나 그것이 참다운 의미가 아닐 때 그것은 의미일 수가 없다는 것이지.

맹랑자 의미일 수 없다면, 의미가 없다는 말 아닌가? 의미 없는
말도 있을 수 있다는 것인가?

무하자 그래서 거짓말이라는 것이 있는 것이겠지.

맹랑자 거짓말은 의미 없는 말인가?

무하자 거짓말도 말인 이상 의미가 없다고 할 수는 없지. 그러
나 거듭 말하지만 거짓말의 의미는 참다운 의미가 아니
란 말일세.

맹랑자 참되든가 참되지 않든가 아무튼지 말에는 의미가 있는
것일세. 그것을 부정할 수는 없네. 자네도 그것은 인정
해야 하는 것 아닌가?

무하자 인정해야겠지.

맹랑자 그 인정해야 하는 의미를 나는 말의 영혼이라고 부르고
싶네. 이 영혼은, 의미는 거짓말이든가 거짓말이 아니
든가에 관계없이 있어야 하네. 그것이 없다면 말이란
존재할 수 없지. 의미 없는 말은 있을 수 없다는 것일세.
영혼이란 모든 존재하는 것을 존재하게 하는 것이라고
나는 생각하네.

무하자 말의 영혼이 의미란 말이지?

맹랑자 그렇다네. 사람의 영혼과 같은 것이라고 할 수 있지.

무하자 그렇다면 거짓말과 거짓말 아닌 것은 어떻게 되는 것인가?
사실과는 상관없이 말의 영혼에서만 문제가 되는 것인가?

맹랑자 그것은 말의 영혼에서 문제가 되는 것이 아니라 그 영

혼의 수용, 즉 의미를 어떻게 받아들이는가에서 문제가
된다고 생각하네. 같은 말이라도 받아들이는 사람에 따
라 거짓말일 수도 있고 아닐 수도 있겠지.

무하자 그렇다면 모기가 태산을 짊어지고 창해를 건넜다는 말
도 거짓말이 아닐 수도 있다는 것인가?

맹랑자 자네는 거짓말이라고 단정을 하고 있는 모양이군.

무하자 그렇다네. 그것은 거짓말이 틀림없네.

맹랑자 그렇다면 자네에게는 거짓말일 수도 있겠군.

무하자 그것은 누구에게도 해당되는 거짓말이네.

맹랑자 그러나 내게는 그것이 결코 거짓말이 아닐세. 그리고
자네에게도 그 누구에게도 거짓말이 아니라고 생각하
네.

무하자 그것은 또 무슨 말인가?

맹랑자 자네가 거짓말이라고 하는 것은 아직도 말에서 사실을
찾고 있는 때문이라고 생각하네. 그러나 아까도 이야기
했지만 말에는 사실은 있을 수 없네. 그러므로 어떤 말
도 그 자체로서는 거짓말이 될 수 없다는 것이네. 그리
고 모기가 태산을 지고 바다를 건너간다는 말에 속아넘
어간 사람은 아무도 없네. 그러니까 그것은 아무에게도
거짓말일 수가 없네.

무하자 아무도 속아넘어가지 않는 말이라고 해서 거짓말이 아
니랄 수는 없지 않겠는가?

맹랑자 나는 거짓말이 아니라고 생각하네.

무하자 그러면 어떤 말이 거짓말인가?

맹랑자 어떤 말도 그 말 자체는 거짓말일 수 없다고 말을 했네.
그것은 말에는 사실이 있을 수 없기 때문이라고 했지.
그러나 거짓말과 거짓말 아닌 것이 있게 되는 것은 아
까도 이야기했듯이 의미를 어떻게 받아들이는가에서
생겨난다고 할 수 있지. 그러므로 같은 말이라도 그것
을 말로서가 아니라 사실로서 받아들인 사람에게는 거
짓말이 되고 그렇지 않은 사람에게는 거짓말이 아닐 수
있지. 그런데 모기가 태산을 지고 바다를 건넜다는 말
을 사실로서 받아들이는 사람이 없지 않은가? 그러므로
그 말은 누구에게도 거짓말일 수는 없지.

무하자 그렇다면 사람이 배를 타고 바다를 건너간다면 그 말은
거짓말인가 아닌가?

맹랑자 그것은 거짓말일 수도 있고 아닐 수도 있지.

무하자 그것이 어떻게 거짓말일 수도 있다는 말인가?

맹랑자 그 말을 말로서 받아들이지 않고 사실로서 받아들인다
면 거짓말일 수도 있네. 실지로 사람이 배를 타고 바다
를 건너는 것이 사실이 아닌가. 그런 사실이 말에는 없
기 때문일세. 아까도 말했지만 "불은 뜨겁다"라는 말을
말로서가 아니라 사실로 받아들이면 '火'자를 써놓고
솥을 걸어 물을 끓이려는 일이 생기게 되네. 그래서 "불
은 뜨겁지 않다火不熱"라는 말도 하게 되는 것 아닌가?

무하자 그럼 "불은 뜨겁다"라는 말은 거짓말일 수도 있으나

"불은 뜨겁지 않다"라는 말은 오히려 거짓말이 아닐 수
도 있다는 것인가?

맹랑자 "불은 뜨겁지 않다"는 말을 사실로서 받아들이는 사람은
없지. 그러니까 그 말에 속아넘어가는 사람은 아무도 없
네. 그렇지 않다면 불 속을 걸어가려는 사람이 있게 되
네.

무하자 그러니까 사실이 아닌 것을 말하는 것은 거짓말이 아니
겠군.

맹랑자 그렇게 생각할 수도 있겠지. 그러나 사실이 아닌 것을 말
한 것이라기보다 말은 말로서 있지 사실로서 있는 것이
아니고 보면 거짓말이란 원래 없는 것이라고 해야겠지.

무하자 그러나 말에 속아넘어가는 사람이 있다면 그 말은 거짓
말이 아니겠는가?

맹랑자 말이 사실이 아니라는 것을 알면 속아넘어가는 일이 없
겠지.

무하자 그러나 말은 실제로 사실과 무관하게 사용될 수는 없지
않은가?

맹랑자 그렇지. 그래서 말이 있는 한 오해가 생기고 속아넘어
가는 거짓말이 없을 수 없지.

무하자 그럼 말을 하지 않으면 되겠군.

맹랑자 그러나 어떻게 말을 하지 않고 살아갈 수 있겠는가? 인
간은 말의 덫에서 벗어날 수가 없네.

무하자 인간이 말을 할 수 있게 태어난 것은 불행한 일이군.

맹랑자 그렇다고 할 수 있지. 하늘이 내린 천형天刑이라고 할
　　　 수 있네.
무하자 말의 덫에서 벗어날 수는 없다는 뜻인가?
맹랑자 천형을 어떻게 벗어날 수 있겠는가? 그러나 말을 알고
　　　 사용한다면 그 불행을 웬만큼 줄일 수는 있겠지.

光

나이

살아버린 삶

─자네는 나이가 무엇이라고 생각하나?
─살아버린 삶이라고 하지 않았는가?
없는 시간을 있다고 생각하는 데서
나이를 말하게 되는 것이라고 생각할 수 있네.

무하공无何公 자네의 말을 적어 세상에 내놓았더니 사람들은 거
들떠보지도 않았네.

맹랑공孟浪公 그런 일이 있었는가? 공연한 짓을 했군.

무하공 세상에는 아무 쓸모 없는 말이더군.

맹랑공 어떤 말을 사람들에게 들려주었는가?

무하공 나이에 관한 것이었네.

맹랑공 나이는 없는 것이라고 했겠군.

무하공 하루살이朝菌 쓰르라미蟪蛄 뱁새鷦鷯 거북이冥靈는 동갑
내기라고 자네가 말하지 않았는가?

맹랑공 그런 말을 했지.

무하공 그러나 사람들은 그 말을 믿지 않았네.

맹랑공 자네는 나이가 무엇이라고 생각하나?

무하공 살아버린 삶이라고 하지 않았는가? 없는 시간을 있다고
       생각하는 데서 나이를 말하게 되는 것이라고 생각할 수
       있네.

맹랑공 그렇다면 무無라고 할 수 있겠군.

무하공 지나간 시간은 없는 것이니까 무라고 할 수 있겠지.

맹랑공 무에도 많고 적음이 있을 수 있다고 생각하는가?

무하공 무는 없다는 것인데 어떻게 많고 적음이 있을 수 있겠
       는가?

맹랑공 그러면 수數개념이 있을 수 없겠군.

무하공 있을 수 없겠지. 그래서 나이는 없다고 하는 것이 아니
       겠는가? 나이는 수개념일세. 아무리 많은 수라도 무 앞
       에서는 다 무너지는 것이라고 보네. 수학에서 '수×0 =
       0' 은 바로 이러한 무를 말하고 있는 것이라고 할 수 있
       네.

맹랑공 아무리 많은 세월을 살았더라도 이미 살아버린 삶은 없
       는 것이니 결국 나이를 말한다는 것은 무에서 수개념을
       찾는 것이라고 할 수 있겠군. 그러나 사람들은 이러한
       사실을 믿지 않는다고 했네. 그래서 세상에는 아무 쓸
       모 없는 말이라고 자네는 말을 했겠지.

무하공 그렇다네. 아무도 믿지 않는 말이 무슨 쓸모가 있겠는가?

맹랑공 그러니까 자네도 믿지 않는다는 것이로군.

무하공 그렇지는 않네. 나이가 살아버린 삶이라는 것을 나는 믿고 있네. 그러나 그것이 세상에는 아무 쓸모 없는 말이라는 것이네.

맹랑공 그 말은 아무래도 이상하게 들리는군. 자네가 쓸모 없는 말이라고 하는 것은 아무도 믿지 않고 있는 때문이라고 하지 않았는가? 그런데 자네는 지금 또 그것을 믿는다고 하고 있으니 쓸모 있는 말과 쓸모 없는 말이라는 기준을 어디에다 두고 하는 것인지를 알 수가 없군.

무하공 믿을 수 있는 말인가 믿을 수 없는 말인가에 있다고 할 수 있지 않겠는가?

맹랑공 그렇다면 자네에게는 쓸모 있는 말이라는 뜻인가? 믿는다고 했으니 말일세.

무하공 그렇다고 할 수 있네. 나이는 사람에게 있어 큰 의미가 있는 것이 아니라는 생각을 갖게 됐네.

맹랑공 그렇다면 다행일세. 그러나 믿을 수 있는 말은 다 쓸모 있는 말이고 믿을 수 없는 말은 다 쓸모 없는 말인가 하는 점일세. 쓸모 있는 말과 쓸모 없는 말의 판정 기준은 믿음인가?

무하공 꼭 그렇지는 않은 것도 같군. 그러면 그 기준을 무엇이라고 해야 하겠는가?

맹랑공 우선 이런 경우를 한번 생각해 보세나. 가령 누가 "오늘 출발한 사람이 어제 도착했다"고 한다면 그 말을 믿을 사람이 있겠는가. 아마 믿지 않을 걸세. 누구도 믿을 수

없는 말이지. 이런 말을 장자는 맹랑지언孟浪之言이라고
하였네. 맹랑지언은 쓸모 없는 말인가?

무하공 맹랑지언에 대해서는 이미 우리가 한번 이야기한 일이
있네. 그때도 맹랑지언은 믿을 수 없는 말이지만 거짓
말을 하는 것은 아니라고 했었지. 그러나 믿을 수 없는
말을 쓸모 있는 말이라고는 하지 않았네. 쓸모 없는 말
이라고 했지.

맹랑공 그랬었지. 쓸모 없는 말이라고 했지. 그러나 세상을 그
르치는 일은 없다고 했네. 그리고 쓸모 있는 말이 오히
려 세상을 그르치지 않기가 힘들다고 했었지.

무하공 그러니까 무엇인가. 세상을 그르치는 말은 쓸모 있는
말이고 세상을 그르치지 않는 말은 쓸모 없는 말이라는
것인가?

맹랑공 우리가 지난번 맹랑지언에 대해 이야기할 때 그렇게 결
론을 끌고 간 것이라고 할 수 있지. 그러나 지금은 믿음,
그때는 사실이라고 했네. 믿음이란 사실을 바탕으로 이
루어지는 것이니까 믿음이라 해도 무방할 것 같군. 아
무튼 쓸모 있는 말과 쓸모 없는 말을 사실관계에서 판
정할 때와 가치관계로 판정할 때의 경우를 생각해보자
는 것일세. 사실문제와 가치문제는 다른 것일 테니까
말일세. 가치가 있다고 해서 다 사실일 수는 없고 사실
이라고 해서 다 가치가 있는 것은 아니지 않겠는가. 이
제 그 가치 있는 것을 쓸모 있는 것이라고 보고 가치 없

는 것을 쓸모 없는 것이라고 한다면 쓸모 있는 말과 쓸
모 없는 말이 사실을 바탕으로 판정하는 것과는 달라질
수 있지 않겠는가 하는 것일세.

무하공 어떻게 달라진다는 것인가?

맹랑공 이것은 말과는 좀 다른 문제라고 할 수 있겠지만, 뭐 크
게 다른 것도 없다고 생각하네. 사람들은 극장에서 영
화나 연극을 구경하지. 그 영화나 연극 속에서 일어나
는 일들, 사람을 죽이고 전쟁을 하고 사랑을 하고 자살
을 하고 우리는 그 모든 것을 사실이라고 믿고 구경하
지는 않네. 그것을 사실이라고 하면 연극이라고 할 수
없지. 물론 구경 가는 일도 없을 것이구. 그렇다고 영화
나 연극을 쓸모 없는 것이라고 할 수는 없지 않겠는가?
그것은 분명 가치 있는 일이고 쓸모 있는 일이네. 이를
테면 그것은 맹랑지언과는 다르고 거짓말에 해당한다
고 볼 수 있네. 거짓말도 가치에 있어서는 쓸모 있는 것
일 수도 있다는 것일세.

무하공 그러나 연극은 거짓말과는 다른 것이라고 보네.

맹랑공 물론 다르지. 연극은 믿을 수 없는 사실을 다루고 있는
것이 아니고 믿을 수 있는 사실을 다루고 있네. 그러나
연극은 사실은 아닐세. 그리고 사실이 아닌 것을 사실로
서 믿게 하려는 저의가 있는 것도 아니네. 물론 사실이
아닌 것을 사실처럼 꾸며 흥미를 끌어내는 것이라고는
할 수 있지. 아무리 사실처럼 꾸민다 하더라도 연극을

사실로 믿지는 않지. 흥미를 자아낸다는 것은 순간적으로 믿게 하는 효과를 가진다고는 할 수 있지. 전혀 믿을 수 없는 내용이라면 흥미를 끌어내지 못할 테니까. 그러나 순간적으로 믿게 하는 효과를 가진다고 해서 연극을 사실로 믿고 있는 사람은 없네. 그런 점에서 연극은 거짓말에 해당한다고는 할 수 없고 그렇다고 맹랑지언에 견주어 말할 수도 없네. 하지만 연극이 사실이 아니라는 점만은 분명하네.

무하공 사실이 아닌 것도 가치가 있다는 것을 말하려는 것이 아닌가?

맹랑공 믿지 않으면서도 가치로 여기고 있다는 것이지.

무하공 그 가치가 쓸모 있는 것이란 말이로군!

맹랑공 쓸모 있고 없는 것은 사실에 있는 것이 아니라 가치에 있다는 것이네. 말에 있어서는 더욱 그렇지. 원래 말이라 하는 것은 비록 사실을 말한다 하더라도 말이 곧 사실일 수는 없네. 그것은 언어가 사실을 그대로 담을 수는 없기 때문이지. 명名과 실實이 항상 문제가 되는 것은 그 때문이 아니겠는가. 그러나 여기서 우리가 말하려고 하는 것은 명실의 문제가 아니라 쓸모 있는 말과 쓸모 없는 말이라는 것이네. 쓸모 있다 없다 하는 것이 가치를 두고 하는 말이 아니겠는가?

무하공 그렇다고 할 수 있겠군. 가치 있는 말은 쓸모 있는 말이고 가치 없는 말은 쓸모 없는 말이라고 할 수 있겠네.

맹랑공 그러나 믿을 수 있는 말이 가치 있는 말이고 믿을 수 없는 말이 가치 없는 말이라고 할 수는 없다는 것이네. 믿을 수 없는 말이 가치가 있을 수도 있고 믿을 수 있는 말이 가치가 없을 수도 있으니까.

무하공 어떤 경우가 그런 말이라고 할 수 있겠는가?

맹랑공 욕설이나 비난하는 말이 그런 경우에 해당한다고 할 수 있겠지. 그것은 좋은 말, 즉 가치 있는 말이라고는 할 수 없네. 그리고 연극은 믿을 수는 없으나 좋은 말, 가치 있는 말에 견주어 말할 수 있지. 그러니까 맹랑지언이 믿을 수 없는 말이기는 하나 쓸모 없는 말은 아니라는 것일세. 백마론白馬論이나 견백론堅白論이 그런 경우가 아니겠는가. 가치 없는 말이라고는 생각지 않네.

무하공 알겠네. 쓸모 없는 말과 쓸모 있는 말은 사실에 있는 것이 아니라 가치에 있는 것이라는 소리군.

맹랑공 믿을 수 있는 말과 믿을 수 없는 말에 있는 것이 아니라 가치 있는 말과 가치 없는 말에 있는 것이라고도 할 수 있지.

무하공 그러면 처음으로 돌아가 나이는 없는 것이라는 말에 대해서 좀더 이야기 해보기로 하면 어떤가? 나이는 없는 것이라고 하니까 사람들은 그 말을 믿지 않았네. 그래서 나는 그 말이 세상에는 쓸모 없는 말이라고 했지.

맹랑공 아무 가치도 없는 말이라고 한 셈이지. 그러나 자네는 곧 가치가 없는 것은 아니라는 말을 했네. 이것은 자네가 믿을 수 없는 말과 쓸모 없는 말, 즉 사실과 가치를 혼동하는 데서 온 것이라고 할 수 있네.

무하공 그것을 인정하지. 그러나 나이는 없다는 것, 그래서 하루살이 쓰르라미 뱁새 거북이는 모두 동갑내기라는 자네의 말을 어떻게 생각해야 할지 모르겠네. 그 이야기는 쓸모 있는 말인가 쓸모 없는 말인가?

맹랑공 믿을 수 있는 말인가 믿을 수 없는 말인가도 함께 생각해보도록 하는 것이 좋겠군. 어떤가? 자네는 믿을 수 있는 말이라고 생각하는가?

무하공 자네가 한 말이니 자네의 생각을 먼저 말해 보게나. 믿을 수 있는 것이라고 생각하고 한 말인가?

맹랑공 그렇지는 않네. 자네도 그 말을 적어 세상에 내 놓으니까 아무도 믿지 않더라고 하지 않았는가. 아마도 자네가 누가 믿어줄 것이라는 생각을 가지고 그리 하지는 않았을 것이라고 생각하네. 그럼에도 불구하고 자네는 왜 그 말을 사람들에게 전했는가?

무하공 앞에서 충분히 주고받은 말이네만 논리적으로는 아무 하자가 없는 말이라는 생각이 들었던 때문일세.

맹랑공 그러니까 믿을 수는 없지만 이해할 수는 있는 것이라 가치 있는 말이라는 생각을 가지고 있었다는 것이군.

무하공 그렇다고 할 수 있네. 솔직히 말해서 처음은 믿을 수 있는 말이라는 생각이 전혀 없지도 않았네. 논리적으로는 이해가 되는 말이었으니까. 그러나 사람들이 믿지 않는 것을 보고 내 생각을 바꾸었네. 믿고 믿지 않는 것은 논리성에 있는 것이 아니라 논리에 앞서 있다는 것이었네. 그것은 전적으로 현실의 문제였네.

맹랑공 논리적으로는 하자가 없으나 전연 현실적이 아닌 것은 우리가 믿을 수 없지. 그것은 현실이 논리적으로 존재하고 있지 않다는 것을 의미하네. 그러니까 믿을 수 없는 말이기는 하지만 논리적인 말일 수는 있다는 것인가?

무하공 그렇지 않은가. 나이는 살아버린 삶이요, 살아버린 삶은 결국 없는 삶이니까. 참으로 있는 삶은 오늘로서 현재의 삶으로서만 있는 것이니까. 이것은 충분히 이해되는 것이라고 생각하네.

맹랑공 그러면 하루살이, 쓰르라미, 뱁새, 거북은 모두 동갑내기라는 말은 믿을 수는 없으나 이해되는 말이라고는 할 수 있겠군.

무하공 그렇다고 할 수 있네.

맹랑공 그리고 그것은 믿을 수 없는 말이기는 하나 맹랑지언이라고 할 수는 없겠군.

무하공 맹랑지언은 믿을 수 없는 말이면서 전혀 논리적이지도 않으니까.

맹랑공 그러나 모두 쓸모 없는 말은 아니라는 것을 어떻게 생각해야 하는가에 대한 것일세. 우리는 지난번 맹랑지언을 말하면서 쓸모 없는 말이라고 하였고 또 자네는 동갑내기에 관한 이야기를 쓸모 없는 말이라고 하였네. 그런데 지금 와서 그 쓸모 없는 말을 쓸모 없는 말이 아니라고 하고 있지 않은가. 그렇지 않은가?

무하공 결국 그런 결과를 가져 왔네. 그것은 아까 말한 것처럼 사실의 문제와 가치의 문제를 혼동하는 데서 온 것이 아니겠는가?

맹랑공 우리는 지난번 이야기할 때 쓸모 없는 말은 세상을 그르치는 일이 없으나 쓸모 있는 말은 세상을 그르치지 않기가 힘들다고 했네.

무하공 그런 말을 했지.

맹랑공 세상을 그르치지 않는 말이 쓸모 있는 말이고 세상을 그르치는 말이 쓸모 없는 말이 아니겠는가?

무하공 그러나 세상을 그르치지 않는 말이라고 해서 그것이 쓸모 있는 말이라고 할 수는 없지 않겠는가? 그리고 그르치는 말이라고 해서 다 쓸모 없는 말이라고 할 수도 없다고 보네. 왜냐하면 같은 말이라도 어떤 사람에게는 도움이 되고 어떤 사람에게는 해를 끼치는 경우도 생각해 볼 수 있으니까. 누구에게나 다 도움이 되고, 누구에게나 다 해를 끼치는 그런 말은 있을 수 없다고 보네. 완벽한 말이란 있을 수 없기 때문일세.

맹랑공 그러나 쓸모 있는 말이라고는 할 수 없을지 모르나 세상 아무에게도 해를 끼치지 않는 말은 있을 수 있다고 생각하네. 그런 말을 맹랑지언이라고 했네. 그러나 그것이 쓸모 있는 말인지 쓸모 없는 말인지는 알 수가 없군.

무하공 동갑내기 이야기가 맹랑지언에 해당하지는 않을지 모르나 세상에 해를 끼치는 말은 아니라고 할 수 있겠나?

맹랑공 쓸모 없는 말이라고는 할 수 있을지 모르나 쓸모 있는 말이라고는 할 수 없을 것 같군. 왠지 그런 생각이 드네. 그러니까 나는 하지 않아도 될 말을 했다는 것이 되겠군.

등장인물 고유명사 풀이

ㄱ

감배공堪杯公　堪杯는 崑崙山을 지키는 산신으로 사람 얼굴에 짐승의
　　　몸을 가졌다고 한다. 필자가 여기서 신학자로 의인화하였다.

계함季咸　정鄭나라에 살던 무당으로 매우 영험이 있었다는 인물.

공손룡公孫龍　전국시대 제齊나라의 학자로 혜시惠施와 함께 명가名
　　　家의 대표적 인물. 흰 말은 말이 아니라는 백마비마론白馬非馬
　　　論과 흰 돌은 흰 것과 굳은 것 두 개의 돌로 나누어진다는 견백
　　　론堅白論의 궤변으로 유명하다.

관용봉關龍逢　걸왕桀王 때의 충신. 왕의 폭정을 간諫하다가 죽임을 당함.

광굴狂屈　피의被衣 설결齧缺 왕예王倪와 함께 막고야산藐姑射山에 살
　　　고 있었다는 네 신선 중의 하나. 요임금이 네 신선을 만나고 천
　　　하를 잊었다고 함.

구루자狗僂子 공자가 초楚나라로 가는 길에 숲속을 지나다가 만났다
　　　는 꼽추.

끽구喫詬 황제黃帝가 곤륜산崑崙山에서 잃어버린 현주玄珠를 찾으
　　　러 보냈다는 언변言辯에 능한 황제의 신하. 언변을 의인擬人화
　　　한 것.

ㄴ

낙송洛誦 장자 대종사大宗師편에 나오는 인물로 글을 잘 암송한다는
　　　것을 의인화한 것.

남곽자기南郭子綦 초楚나라의 철학자로 소왕昭王의 이복동생이었다
　　　고 함. 성곽 남쪽에 살고 있어 그렇게 불려졌다고 한다.

ㄷ

대방가大方家 도를 크게 깨달은 사람을 말함.

대영大癭 옹앙대영甕盎大癭으로 목에 옹기만한 큰 혹이 달린 꼽사등
　　　이를 말함.

도척盜跖 춘추시대의 큰 도적으로 장자에는 도척편盜跖編이 있다.

ㅁ

막고야산藐姑射山 요임금이 만났다는 네 신선神仙이 살고 있는 전설
　　　적인 산.

망묘조莽眇鳥 붕鵬새와 더불어 장자에 나오는 상상의 새로 신선을 태
　　　우고 천상을 오른다는 새.

맹랑선생 필자가 생각한 가공적 인물로 姓은 孟이요 이름은 浪.

모장毛嬌 서시西施, 여희麗姫와 함께 고대의 미녀로 알려짐. 춘추시대 월왕越王의 미희美姫였다는 설도 있음.

무순無脣 인기지리무순闉跂支離無脣으로 다리 병신에다 꼽사등이 언청이인 병신을 말함.

무지無趾 숙산무지叔山無趾로 노魯나라에서 형벌을 받아 다리 하나가 잘린 인물. 장자 덕충부德充符편에 공자와 만나 이야기하는 현인賢人으로 등장하는 가공적인 인물.

무하공 맹랑선생의 그림자에 해당하는 가공적 인물로 철학자.

묵적墨翟 전국시대의 과학자요 철학자인 묵자墨子로 겸애설兼愛說을 주장함. 성은 묵墨 이름은 적翟. 묵가墨家학파의 대표적 인물.

문혜군文惠君 전국시대 위魏나라 양혜왕梁惠王으로, 맹자가 만난 양혜왕과 동일 인물.

ㅂ

백아伯牙 종자기鍾子期를 참조할 것.

백혼무인伯昏無人 지극히 높은 덕을 갖춘 지인至人에 해당하는 인물로 『장자』에는 열자列子의 스승으로 나옴. 백혼무인伯昏瞀人이라고도 함.

부묵副墨 장자 대종사大宗師편에 나오는 인물로 서책書冊을 의인화한 것.

북해약北海若 황하黃河의 수신水神인 하백河伯이 만났다는 북쪽 바다의 신.

비간比干 주왕紂王 때의 충신. 주왕의 숙부였으나 왕의 폭정을 간諫하다가 가슴을 찢기고 죽은 인물.

人

사광師曠 춘추시대의 진晉나라 악공으로 음률音律에 가장 능통했다는 인물.

상계常季 노魯나라의 현자. 『장자』에는 공자의 제자로 나옴.

상망象罔 황제黃帝가 곤륜산에서 잃어버린 현주玄珠를 찾아오게 한 신하. 눈도 귀도 코도 없는 사람. 무심無心을 의인화한 것.

상앙商鞅 전국시대 진秦나라의 정치가. 공손앙公孫鞅이라고도 함. 형명학形名學에 뛰어났던 법가法家의 인물.

서시西施 춘추시대의 월越나라 미녀. 그녀가 가슴앓이가 있어 얼굴을 찌푸리면 그것이 아름다워 모든 여인들이 흉내내어 얼굴을 찌푸리고 다녔다함. 여기서 방빈倣矉이란 말이 생김.

설결齧缺 피의被衣 왕예王倪 광굴狂屈과 함께 전설적인 막고야산에 살았다는 네 신선 중의 하나.

섭허囁許 사물이나 글을 잘 이해한다는 뜻을 의인화한 것.

소문昭文 춘추시대 거문고를 잘 탔다는 인물.

소부巢父 허유許由와 함께 은자隱者로 알려진 전설적인 인물. 요임금이 천하를 맡아달라는 말을 듣고 귀를 씻었다는 세이洗耳에 관한 고사와 관련된 인물.

손자孫子 춘추시대의 인물로 오자吳子와 함께 병법兵法에 능했던 사람. 이름은 무武. 손자병법孫子兵法이 전해짐. 아들 손빈孫臏과 함께 병가兵家의 대표적 인물.

수역需役 마음에 터득한 도道를 행동으로 실천한다는 뜻을 의인화한 것.

숙산무지叔山無趾 무지無趾를 참조.

승망諄芒 계곡에 피어 오르는 물안개. 세속을 잊고 살아가는 사람으로 의인화함.

시남의료市南宜寮 육침인陸沈人으로 알려진 은자. 육침은 세상사람들과 함께 하면서 자신이 현인임을 드러내지 않고 생활하는 세간 속의 은둔자를 말함.

신도가申徒嘉 정鄭나라의 현인賢人으로 형벌로 다리 하나가 잘렸으나 정나라 재상인 자산子産과 함께 백혼무인을 스승으로 모시고 있었다고 함.

심재心齋 마음을 재계하여 무심에 든다는 뜻으로 그것을 무심의 동자로 의인화함.

ㅇ

애태타哀駘它 장자 덕충부德充符편에 나오는 인물로 세상에서 가장 못생긴 추남醜男.

야마野馬 들판에 떠다니는 먼지 또는 아지랑이를 의인화한 것.

양주楊朱 전국시대의 철학자. 쾌락설快樂說을 주장한 양주학파의 대표. 자기 머리카락 하나로 천하를 이롭게 한다하더라도 뽑지 않을 것이라는 극단의 위아주의자爲我主義者라고도 알려지고 있는 인물.

양혜왕梁惠王 위魏나라 왕으로 문혜군文惠君과 동일 인물.

어구於謳 소리내어 노래를 부른다는 뜻을 의인화한 것임.

여희麗姬 모장毛嬙, 서시西施와 함께 고대의 미녀로 유명함. 진나라

헌공獻公의 부인이었다는 설도 있음.

오자吳子 전국시대의 인물로 손자孫子와 함께 병법兵法에 능한 사람.
　　　　오자병서吳子兵書가 있다.

옹앙대영甕盎大瘿 대영大瘿을 참조.

왕예王倪 막고야산藐姑射山에 살았다는 네 신선 중의 하나.

왕태王胎 노魯나라 현인賢人으로 형벌로 다리 하나를 잘렸으나『장
　　　　자』에는 공자가 숭앙했던 인물로 나옴.

운장雲將 하늘에 떠있는 구름, 또는 구름을 주관하는 운신雲神.

원풍苑風 계곡에 부는 산들바람. 세속을 떠나 사는 사람을 비유해 의
　　　　인화함.

유하계柳夏季 도척盜跖의 형으로 논어에 나오는 유하혜柳夏惠와 동일
　　　　인물로 보는 견해도 있고 가공적 인물이라고도 함.

의시疑始 시始도 종終도 없다는 뜻으로 도를 의인화한 것임.

이주離朱 황제의 신하로 백리 밖에서도 바늘 끝을 본다는 눈밝은
　　　　인물.

인기지리무순闉跂支離無脣 무순無脣을 참조.

자사子祀 자여子輿, 자리子犁, 자래子來와 함께 장자 대종사편에 나오
　　　　는 가공적 인물.

자유子游 남곽자기의 제자로 안성자유顔成子游. 성은 안성이고 이름
　　　　은 언偃, 자유는 그의 자字이다.

작륜공 輪扁이라는 목수로 수레바퀴를 깎는 사람이란 뜻으로 말함.

장석匠石　공수工倕 재경梓慶과 함께 장자에 나오는 유명한 목수. 친구
　　　　의 콧등에 분가루를 발라놓고 멀리서 한번에 깎아내릴 수 있
　　　　는 재주를 지녔다고 함.

전자방田子方　위魏나라의 현인賢人. 장자외편에 전자방田子方편이 있다.

정자산鄭子産　춘추시대 정鄭나라의 명재상으로 신도가와 함께 백혼
　　　　무인을 스승으로 모신 이야기가 장자에 나옴. 성은 공손公孫
　　　　이름은 교僑라고 함.

제환공齊桓公　춘추시대 제나라 임금. 관중管仲의 도움을 받아 춘추오
　　　　패春秋五覇의 일인자가 된 인물.

종자기鐘子期　백아伯牙가 거문고에 능통했다면 종자기는 지음知音에
　　　　달통했던 인물. 종자기가 죽자 백아는 거문고 줄을 끊고 다시
　　　　뜯지 않았다는 백아절현佰牙絶鉉의 고사가 있음.

지리소支離疎　팔, 다리, 등 온 몸뚱이가 제모습을 가지고 태어나지 못
　　　　한 병신을 뜻하는 것을 의인화한 것임.

진일秦佚　노자의 친구로 노자가 죽었을 때 조문을 갔다고 하는 가공
　　　　적 인물.

ㅊ

천리공　천리天理를 필자가 과학자로 의인화한 것임.

첨명瞻明　지혜롭고 총명하다는 뜻을 의인화한 것임.

초료鷦鷯　굴뚝새 종류로 가시밭이나 쑥대 사이를 겨우 날아 오르는
　　　　아주 작은 새.

추연鄒衍　전국시대의 철학자. 음양오행설陰陽五行說을 주장한 사람

310

으로 음양가陰陽家의 대표적 인물.

ㅍ

포정庖丁 소나 돼지를 잡는 백정을 의인화한 것. 『장자』에 포정해우
庖丁解牛의 이야기가 나옴.

풍이馮夷 하백河伯과 함께 황하의 수신水神.

피의被衣 설결, 왕예, 광굴과 함께 전설적인 막고야산에 살았다는 네
신선중의 하나.

ㅎ

하백河伯 풍이馮夷와 더불어 황하黃河의 신.

한공자韓公子 법가法家의 대표적 인물. 한비자韓非子를 이름. 문장에
는 숙달했으나 눌변으로 말더듬이었다고 함.

허유許由 요堯 임금이 찾아가 양위하려 했으나 거절했다는 은자.

허행許行 전국시대 인물로 농가農家학파의 대표적 인물.

현명玄冥 지知를 다 떨어버린 무심無心의 상태를 말하는 것으로 의인
화한 것임.

현주玄珠 황제가 곤륜산에서 잃어버렸다는 구슬로 도道를 상징하고
있는 것이나, 원하기만 하면 누구에게나 안기는 주막의 娼妓로
필자가 의인화하였다.

홍몽鴻蒙 들판에 떠다니는 티끌을 의인화한 것임.

환단桓團 공손룡公孫龍과 함께 명가名家학파의 인물.

황제黃帝 중국 전설상의 황제. 헌원황제軒轅黃帝라고도 함.

혜시惠施 장자와 가장 가까웠던 친구로 '달변가. 공손룡과 함께 명가
名家학파에 속하는 인물.

화보 · 부록

讀孟浪先生傳

玄思冥想心馳方外．禪語似

談逐宇內．被脱遮有靈治

宋掌長恒龍五兄足屋．

郵寄孟浪先生傳之書無違

承領維日讀完心氣爽快

冲淡韻味回之陽不已聊綴三醴

遐呈雪榻會笑一聲為荷

崇此致謝盍祈近安

戊寅伍月二日 中天雨主人

泉，歙束寒洌五腸快，
盖取易井洌寒泉食之謂
寄无何公画榷
浪擷葦摇蜓點戲，雲橫山
黔島迷寄，黔迷兩異由通遞，
閣兩環中亦莫徹，渓

題聽雨堂隱机像
萬滴割忽，昔雨朝朝，一堂
香宇痲天聽，主人隱机心灰
橋彩左自稱聽生瞶！

1998년 저자가 집필한 『孟浪先生傳』을 읽고
김충열金忠烈 교수가 보내온 서한.

老子出關圖
周나라가 쇠망할 것을 알고 老子가 은둔하고자
함곡관(函谷關)을 떠나는 장면.
중국화가 十翼의 작품.

송항룡 교수는 생김부터가 신선이다. 갈비뼈가 보일 정도로 바짝
마른 체구에다가 아무렇게나 흩어진 수염, 더구나 그가 청우당聽雨堂
이라고 부르는 초가草家에 무명옷과 흰 고무신을 걸치고 앉아 있는 꼬
라지를 보면 더욱 그렇다. 김규화金圭和는 〈인상人相〉에서 그를 이렇
게 표현한다.

> 초벌 뽑은 흰 무명베의
> 동조고리 바람으로
> 주머니도 단추도 없이
> 한 여름을 그렇게 산에서 살다.
> 길쭉한 동정의 끝에 매달린

가는 옷고름으로 가는 육체를 여미다.

장자莊子의 말씀이 그가 밟는 땅의

흙과 바람이 되어

얼키설키 자른 콧수염에도 새까만 긴 머릿결에도

웃을 때만 빛나는 탄탄한 치아에도

힘있게 뻗어 현대를 날다.

　송항룡은 분명히 생불生佛이 아닌 생노장生老莊이다. 그런데 그 신
선이 "힘있게 뻗어 현대를 날아다닌다." 이 말에 어리둥절한 독자는
시의 다음 구절을 읽을 필요가 있다.

엑셀인지 프라이드인지 중고차로

서울로 학교로 설악雪岳의 산 속으로

미국의 대학으로 내달리어

나무를 심듯이 장자를 심으며

징검다리 훌쩍 훌쩍 뛰어넘어서

이천오백 년 전의

백수광부白鬚狂夫인지

꿈속에서 노니는 나비 장자莊子인지.

　실제로 송항룡은 현직 대학 교수일 뿐만 아니라 이미 『한국도교철
학사』『동양철학의 문제들』『무하유지향无河有之鄕의 사람들』『동양인
의 철학적 사고와 그 삶의 세계』『맹랑선생전』 등의 묵직한 저서를 내

기도 한 우리나라의 대표적 학자이기도 하다. 그런 그가 착심着心을 버리려고 시간만 있으면 폐가로 은거하여 혼자 라면을 끓여먹고 지낸다.

그는 인위人爲를 지독히 싫어한다. "나는 지금 힘들고도 무서운 하루하루를 넘기고 있다. 영혼은 병들고 마음은 지쳐 있다. 이대로는 아무것도 할 수가 없다. 학기가 시작되어도 강의를 할 수가 없을 것 같다. 학교를 그만두어야 할 것 같은 생각이 든다. 내 인생의 마감이 좋지 않을 것만 같다." 그러나 그는 아직 학교라는 인위의 장場을 완전히 벗어나지 못하고 있다. 이것은 송항룡이라는 개인의 약점이 아니라 우리네 인생이 바로 그런 것이기 때문이다. 과연 우리 중에 몇 사람이 냉장고, 텔레비전 그리고 책과 돈을 완전히 팽개치고 살 수 있단 말인가. 인생의 길에는 성聖과 속俗이 공존한다. 삶이란 희로애락의 연속이다.

인생을 무어라 해야 하는가. 아름답다 하기엔 너무 아프고, 억울하다 하기에는 얼룩진 자국들이 너무 아롱지다. 어느 성인은 선도 악도 저지르지 말라 했다지만, 붓길 한 번 간 일이 없는 백지장이 무슨 그림일 수 있으며, 회한의 눈물 한 번 흘리지 않은 인간이 무슨 인생을 살았다 하랴.

송항룡은 벌써 10여 년 전부터 한 가지 희망을 가지고 있다. '맹랑孟浪선생전'이라는 제목의 소설을 쓰는 것이다. 그러나 10여 년이 지난 오늘날까지 아직 완성하지 못하고 있으며, 다시 이렇게 10여 년을 보내면 그것이 아마도 이 세상에서 제일 짧은 소설이 될 것이라고 말한다. 그런데 그는 「쓸모 없는 사람」이라는 원고지 두 쪽도 되지 않는 글에서 맹랑선생전을 완성시켜 놓았다. 이 글은 "사람들은 맹랑 선생을 쓸모 없는 사람이라고 하였다"로 시작해서 "맹랑 선생은 쓸모 없는 사람이 되었다"로 끝맺고 있다. 사람들이 그를 맹랑 선생이라고 부를 뿐만 아니라 그는 실제로도 맹랑 선생이 된다는 내용이다.

원래 '맹랑'이란 『장자』의 맹랑지언孟浪之言에서 따온 말이다. "터무니없고 가당치도 않은 말이라는 뜻이다. 맹랑은 그런 어처구니없는 말을 하는, 또는 맹랑하게 살아가는 사람이라 해도 좋을 것이다." 그러나 맹랑이 처음부터 그렇게 맹랑한 사람은 아니었다. 오히려 그는 존경받고 인기 있고 성실한 철학 교수였다.

그는 많은 학식을 가진 사람이었고 학자요 한때는 대학 강단에서 학생들과 사념思念의 세계를 넘나들면서 인간이 추구하는 모든 것들, 이른바 진리와 선善의 문제들 그리고 그러한 것의 원리와 본질을 분명히 하여 인식 체계 안에 들어가도록 정열을 쏟아붓기도 하였다. 그때 그의 철학 강의는 제자들에게 마음을 움직이게 하였고, 자신도 안다는 것에 대한 모든 것이 분명하고 확실하였다. 진리에 대한 그의 확신은 대단하였고, 그 신념 속에 그의 지식은 한없이 확충되어 갔고, 또한 그것을 보편의 기준 위에 올려놓음으로써 앎의 정당성, 이른바 선을 증명하는 데 자신이 있었다.

나도 한때는 진리 탐구에 모든 정열을 쏟았다. 그리고 나의 정열적인 강의는 분명히 많은 학생들을 감격시켰을 것이다. 적어도 그렇게 믿고 싶다. 또한 맹랑은 자신의 임무에 충실한 사람이었다.

맹랑 선생은 자기가 아는 모든 것을, 아니 그 이상의 지식을 부풀리어 학생들에게 강의하였다. 그는 자신이 있었고, 아는 것은 확실하였다. 그리고 그것을 표현하고 전달하는 언어 구사력도 뛰어났으므로 그의 강의는 대단히 인기를 얻었다. 그가 강의실에 들어서면 가득 메운 젊은이들의 눈망울, 선망과 존경의 마음을 읽을 수 있었으므로 더욱 열정을 쏟아 때로는 자기가 미처 생각지도 못했던 것까지 이야기하게 되는 경우가 있었다.

그러기 위하여 그는 밤을 새워 공부도 열심히 하였다. 그의 명성은 날로 높아갔고 강의 내용을 책으로 발간하는 등의 연구 업적도 쌓여 갔으므로 그에 따르는 학계의 인정은 물론 사회적 지위와 예우도 받을 수 있었다. 그는 결코 오만하지 않았다. 다만 자기가 알고 있는 것에 대한 자신이 있었을 뿐이다.

나도 한때는 자신이 있었고, 내가 알고 있는 것은 명석판명하게 알고 있다고 생각했다. 나의 언어 구사력도 남에게 떨어지지 않는다고 생각했다. 그리고 어느 정도 인정도 받았다. 아, 송항룡은 맹랑 선생을 빌어서 바로 나에게 욕을 하고 있는 것이다. 결코 겉으로는 절대로 오만하지 않았던 맹랑 선생, 그는 바로 나 자신이다.

그러나 맹랑은 '모든 것이 무너지는 날'을 맞이하여 학생들에게 자신이야말로 아무것도 모르는 사람이라고 선언한다. 겉으로는 오만하지 않았지만 실제로는 지적 오만에 쌓여 있었으며, 또한 자신에게 쏟아졌던 모든 존경조차 아무런 의미가 없다는 사실을 자각한 것이다. 그리고 그는 무엇을 했는가.

그리고는 긴 여행을 하고 돌아왔다. 돌아오던 그 날 선생은 서재로 들어가더니 지금까지 써온 모든 원고를 태웠다. 마당에는 하루종일 연기가 피어오르고 있었다. 그의 원고는 그만큼 많았다. 그러나 선생은 원고만을 태우고 있었던 것은 아니었다. 그날 이후로 맹랑 선생은 쓸모 없는 사람이 되었다.

송항룡과 나는 아직도 원고를 불태우지 못하고 있다. 그러나 나는 그의 글을 읽으면서 이렇게 결심한다. "나도 '쓸모 없는 사람' 이라는 말을 들을 정도로 겸손한 사람이 되려고 노력하겠습니다. 그래서 종교인이 될 수 있는 '첫째 조건은 겸손이며, 둘째 조건도 겸손이며, 셋째 조건도 겸손' 이라는 성 아우구스티누스를 본받으려고 노력하겠습니다."

송항룡이 스스로 그렇게 되기를 바라는 '맹랑 선생의 세계' 는 도덕과 종교를 초월하는 넓은 세계다. 붕鵬이 날고, 곤鯤이 자맥질을 하고, 생명이 숨息을 쉬는 넓은 호연지기의 세상이다. 사랑善도 미움惡도 없고, 옳음是도 그름非도 없는 대자유의 세상이다. 그것은 이를테면 일반 기독교인이 생각하는 세계보다 훨씬 광활한 세상이다. 송항룡이 맹랑을 무하공无河公이나 거리의 광대廣大라고 부르는 이유도 여기에 있다. 그는 이렇게 말한다.

사과 한 알 따먹은 것이 뭐 그리 큰 죄가 되겠습니까.
공연한 생트집이겠지요.
간음 한 번 한 것이 뭐 그리 나쁜 짓이겠습니까.

아마도 시샘이겠지요.

(중략)

원두막 없는 밭에 참외 도둑이

무슨 재미가 있어 들어갈 것이며

들킬 위험이 없는 간음이

무슨 마음 울렁거림이 있겠습니까.

장애물 경기의 묘미를

당신이 어떻게 알겠습니까.

큰 길을 놔두고 좁은 길로 가라니

그런 억지가 어디 있습니까.

낙타를 탔으면 광활한 사막으로 갈 것이지

뭣 하러 바늘구멍으로 나가려 하겠습니까.

당신은 알고 있으면서

심술을 한 번 부려보는 것이겠지요.

투정을 그만 부리시고 시샘을 그만 거두시소서.

아이 낳는 산고의 고통 없이 젖 물리는 환희를 어떻게 알 것이며

밭 가는 수고로움 없이 수확의 즐거움을 어떻게 가질 수 있겠습니까.

이게 당신의 벌이 아니라 축복인 줄을 알고 있습니다.

잘 알고 있습니다. 아멘.

현재 우리나라에는 자신을 쓸모 있는 인물이라고 믿고 외치는 사람들이 너무나 많다. 참으로 쓸모 없는 사람의 쓸모가 필요한 시기가 아닐 수 없다.

　　송항룡은 이미 절반 맹랑 선생이 되었으며, 머지 않아 진짜 맹랑 선생이 될 것이다. 그러나 나는 아무래도 거꾸로 달리고 있는 듯하다. 그는 자유의 산봉우리로 올라가고 있으며, 나는 내려오고 있다.

이 글은 황필호 교수가 2002년에 낸 수필집 『인문·과학에세이』(철학과 현실사)에 실려 있는 것으로 필자에 관한 것이기에 저작권자의 동의를 얻어이 책에 재수록합니다.